EXLIBRIS

中国当代藏书票

水光潋滟山色空 明山秀水

——沈泓 著

书中蝴蝶

金城出版社
GOLD WALL PRESS

天津教育出版社

前言

藏书票是贴在书的扉页或夹在书中表明藏书主人的标识，如用一句更简洁的话表述，藏书票就是代表藏书主人的标识。

艺术家通常采用木版、铜版、丝网版、石版等版画形式，创作各种美术图案的藏书票，署上“某某藏书”“某某之书”“某某爱书”“某某珍藏”等字样，并印上国际通用的藏书票标志“Ex Libris”。作为小版画或微型版画，藏书票以其小巧玲珑、精美雅致的艺术性，被誉为“书中蝴蝶”“纸上宝石”“书中精灵”“版画珍珠”等。

已故藏书票艺术大师杨可扬在《可扬藏书票》（上海人民美术出版社1994年版）一书中，从艺术家的角度概括藏书票：“藏书票是外来的艺术形式，是实用与审美结合、图像与文字并重的一种特殊艺术品；同时，藏书票属于小版画或微型版画的范畴，幅面不大，但小而精，有自己灵活多样的形式，更有精深丰富的内涵，方寸之间天地广阔。它是供读书、爱书、藏书者使用的一种标志，也是书籍的一种美化装饰。”

杨可扬的这段话说明了藏书票的特点、形式和功能。

藏书票的构成有三个基本要素，一是图画，二是要有“Ex Libris”拉丁文标志，三是要有票主姓名，即“XX藏书”“XX书票”“XX的书”等。根据国际藏书票参展参赛要求，藏书票必须标明“Ex Libris”一词，有时还要标明“XX藏书”。

藏书票的功能是表明书的主人，在功能上，藏书票和古代藏书章一样，只不过藏书章是盖在书上，藏书票是粘贴在扉页或夹在书中。它们皆为藏书的标志，均表明藏书的主人。

藏书票从20世纪初在中国出现，20世纪80年代在中国兴起，20世纪末至今蓬勃发展，得到越来越多读书人的青睐，也受到众多藏家的追捧。

藏书票的收藏价值首先是由其艺术价值决定的，每一张藏书票都是一幅画，富有隽永的艺术魅力；其次，藏书票题材广泛，内容丰富，包罗万象，蕴涵丰富；再次，藏书票是艺术家亲手刻印的版画原作，印量极少，一般只印10张到100张，多亦不过200张，物以稀为贵。此外，藏书票票幅小，犹如一张邮票小型张，易于收集，易于保存，因此越来越多的收藏爱好者视其为收藏珍品。

作为舶来品，藏书票在中国只有大约110年的历史，经受战乱、时局等影响，只有极少数版画艺术家和知识分子接触过藏书票，直到改革开放以后，藏书票才枯木逢春，逐渐复苏并迅速发展。

由于藏书票是新生事物，一切都在探索和发展中，很多方面都没有形成定式。如藏书票的命名就没有一定之规，即使同一个作者对同一张图，也常有两种命名。通常情况下藏书票的命名有三种方式：以票主命名，如“XX藏书”；以画面主题或题材命名，如“仙人掌”；作者自己写了题名。原则上一般首选作者写的题名，但为保持藏书票命名的统一，本书中的藏书票主要采用票主命名的方式，创作年份不详的不标注。

藏书票是一个珍珠闪烁、宝石耀眼、蝴蝶翩飞、五彩缤纷的世界，愿“书中蝴蝶：中国当代藏书票”丛书带您走进这个绚丽而神奇的世界。

目录 | CONTENTS

EXLIBRIS
EXLIBRIS
EXLIBRIS

苏轼有诗《饮湖上初晴后雨》，其中“水光潋滟晴方好，山色空蒙雨亦奇”描绘山水诗意的绝妙好辞，也成为画家们竞相追求的诗画意境。

清梁章钜《楹联丛话》联句有云：“有山皆图画，无水不文章。”明山秀水是当代藏书票艺术家们常常表现的题材，在这一题材领域,有一批卓有成就的藏书票艺术家，如诗人艾青赞赏的“水的歌手”莫测、“山色空蒙雨亦奇”的“西湖诗人”陆放、寄情雪山忘情雪山的沈延祥、钟情“青山不老，绿水长流”的张家瑞、善于营造“静若秋水”意境的徐鸿兴、执著于黄土高原《山塬书屋》的王维德……小小一枚藏书票，尽展大千山水之精华！

莫测：水的歌手

20世纪80年代初，文艺春天的来临，激发了莫测创作藏书票的极大热情和潜能。在呼吁发展藏书票艺术的同时，莫测以身示范，创作了一批高水平的藏书票作品，其中1983年创作的“湖区渔舟”“山乡风情”“水乡古镇”系列藏书票，有着那个时代的风格特征。

莫测始终对水情有独钟。1983年创作的这组以水、村落和渔舟为题材的藏书票，均为两色套印，在较浅的底色上再套印较深颜色的图案，同时利用底色版的阴刻露白，表现出水波光影的变化。

这些将小渔船或民居融入水景中的藏书票，注重表现天人合一的劳动场景和人居氛围，民居依山傍水，错落有致，将人的居所置于大自然间，山水情怀令人悠然神往，有一种桃花源般的诗意。

◆ 马克藏书

莫测1983年作

◆ 高英藏书

莫测1983年作

◆ 韩瀚藏书

莫测1983年作

◆ 少华藏书

莫测1983年作

◆ 章竞藏书

莫测1983年作

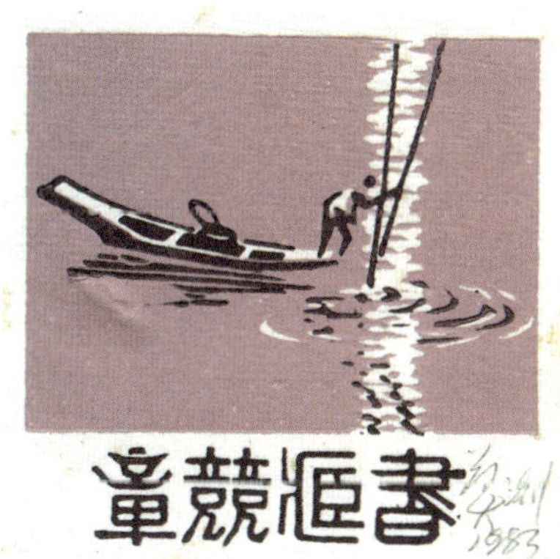

◆ 君亚藏书

莫测1983年作

1983年是莫测藏书票创作的喷发期，这一年他创作的《小霞藏书》藏书票，具有当时鲜明的时代特征，画面上旭日升起，金光万道，鹰击长空，高山之上，一个人张开双臂，欢呼着奔向太阳。莫测的这枚藏书票亦可名为“拥抱太阳”，表现了一个朝气蓬勃时代的到来，让我们张开双臂，迎接这个伟大的时代吧！

莫测创作的这组山水藏书票构图简洁，赋形准确，有一种绚丽归于平淡的风格。由于深浅两种颜色为同色系，画面效果显得和谐、明净、悦目。

这组藏书票大多创作于1983年，属于中国改革开放时期的早期藏书票，票面上甚至没有藏书票的拉丁文标志。

◆ 小霞藏书

莫测1983年作

◆ 陈乾藏书

莫测1983年作

莫测的藏书票题材涉及山乡、田野和劳动等。这套藏书票采取黑白木刻技法，表现山乡水库、高压电线、层层梯田、芦苇丛、小羊饮水、行人过桥……这些平凡小景，经过莫测的提炼升华，变得充满了诗情画意。

人从木桥上走过，于水中留下倒影；鹿在洲头饮水，于水中留下倒影；船在水面行驶，于水中留下倒影；芦苇在风中摇动，水鸟是芦苇的倒影……莫测眼中的世界是水的世界，诗人艾青称他为“水的歌手”。这些关于水的木刻藏书票风格清新旷达，构图讲究，富有装饰性。

◆ 久经藏书

莫测1998年作

◆ 沐岩藏书

莫测1998年作

水是莫测藏书票的主流题材。莫测的藏书票大都与水有关，表现一叶孤舟在静静的湖面上划行，水中的倒影处理得特别有韵味。他深情地说："我爱版画，我爱水。我致力于用木刻画来反映水，反映和水有联系的事物，反映和水有关系的社会生活。我通过对水的表现，来抒发对祖国和人民的真诚感情，同时也体现了自己对美的追求。"

谈及水，莫测强调："水是生命之源。我的刻刀跟随水的足迹，去探索大自然的奥秘，抒写山川风貌；跟随水的足迹，去观察人生的真谛，去捕捉生活中的诗情。水的形式多种多样，大自然的风姿千变万化，社会生活的表现丰富多彩。如何把我经历过的、感受到的事物用自己的心灵和属于自己创造的版画语言，在创作中体现出来，成为主客观相互统一的艺术品，则是我多年来苦苦追求的目标。"

◆ 陈川藏书

莫测1998年作

◆ 步方藏书

莫测1998年作

莫测的这组山水藏书票各具特色，优雅抒情，版画技法营造出国画的效果。

在技法上，或阴刻或阳刻，表现简洁而清晰，在传统的风格中彰显出莫测艺术手法老到而娴熟。其中《山谷汲水》也是一张牧牛藏书票，牧牛人带着牛群到湖边喝水，采用阳刻手法，将牛群和人物置于远山近水间，画面富有层次感。

莫测的藏书票主要采用木刻版和塑料版，其木刻藏书票用色极简，或黑白木刻，或双色木刻。黑白木刻是中国版画中最古老、最原始、最常用的版画技法，也称为单色木刻。黑白木刻有木面木刻和木口木刻之分。木面木刻采用木材的纵断面，纤维较粗；木口木刻采用木材的横断面，纤维较细。故而木口木刻画面较为精致细腻，木面木刻画面较为粗放。现在中国版画家多采用木面木刻，西方版画家采用木口木刻居多。

塑料版是当代的一种新版画材料，刀法更加圆润柔和，印刷效果类似木刻版。深厚的艺术素养，丰富的生活积累，加上对版材的熟练掌握，莫测以诗意的构图、锐利的刀法，在藏书票创作上得心应手、游刃有余，创作出了一张张富有隽永艺术魅力的经典藏书票作品。

◆ 山谷汲水

莫测2002年作

◆ 梯田倒影

莫测2002年作

◆ 山中行旅

莫测2002年作

◆ 碧波扬帆

莫测2002年作

◆ 王嵘藏书

莫测2000年作

◆ 家新藏书

莫测2000年作

丁立松：刀味 木味 印味

“西湖十景”系列藏书票共有10张，每张表现西湖一景。西湖是世界级风景区，是人类珍贵的自然遗产和人文遗产，诸多艺术家刻画西湖已有出色表现，尤其是长居杭州的著名水印木刻版画家陆放，数十年专画西湖，早已有多幅西湖水印木刻版画问世并产生巨大影响，为中外版画收藏家和美术馆、博物馆所追捧，人们称他为“西湖陆”。

大师在前，似已难以超越，且版画大、藏书票小，水印木刻的效果在大画幅上可以体现得淋漓尽致，越小越难表现。丁立松发挥自己的水印技法特色，从构图、刻版到印味都倾其毕生所学，精益求精，将他炉火纯青的水印木刻技法在这套藏书票上运用得恰到好处。“西湖十景”藏书票不仅是水印木刻藏书票的巅峰之作，也是中国山水藏书票的扛鼎之作。

《西湖十景·双峰插云》所刻画之“双峰”，是指天目山余脉遇西湖而分驰南北，南高峰与北高峰古时山巅建有佛塔，遥相对峙，南宋时“两峰插云”被列为西湖十景之一，宋元皆称“两峰插云”，清康熙帝南巡，改“两峰”为“双峰”，题“双峰插云”，建景碑亭于洪春桥畔。画面表现的是古时西湖群山中喧盛一时的佛教名山，岚翠雾白，山顶佛塔时隐时现，自西湖舟中远观，景观别

西湖十景·双峰插云

丁立松2020年作

具一格。图中意境，正如明代李流芳《题两峰罢雾图》中所写："烟林雾障，映带层叠；淡描浓抹，顷刻百态。非董、巨妙笔，不足以发其气韵。"《西湖十景·双峰插云》藏书票很好地体现了这种"气韵"。

朦胧夜色中，一轮明月悬挂在湖山之上的夜空。3座小石塔立于湖水之上，与月光相融，远处山峦层叠，小桥隐隐，构成美丽夜色。湖面水波荡漾，波纹光影通过灰色调的深浅变化呈现出来，水印的细微颗粒感，营造出印味的趣致。

"三潭印月"被誉为"西湖第一胜境"，人民币一元纸币的背面采用"三潭印月"的画面，更是让这一胜境名闻天下。关于"三潭印月"有多种说法，一说见于《西湖志》："月光映潭，分塔为三，故有三潭印月之目。"一说三塔各悬一月影于中，一说每塔有五个小圆孔，若在每个小孔中点上灯烛，洞口蒙一层薄纸，共得15个月亮，湖中倒影15个，再加上天空一轮皓月和倒映在湖面的一轮圆月，可看到32个月亮，若是加上心中之月，总共是33个月亮。

丁立松取景未按这些说法，只是表现西湖月夜静谧朦胧，让人一眼就能感受到湖山之美，足矣。

西湖十景·三潭印月

丁立松2020年作

瑞雪初霁，西湖银装素裹，白堤横亘，淡蓝色湖水和远山衬托断桥残雪，桥面若隐若现于湖面上。近处低垂的雪柳占据了大半个画面，断续的细纹黑色线条是柳枝，附着于柳枝的灰色粗纹线条是压在枝头上的残雪，不同色版印出的雪柳复线对位精准，为雪景增添了氛围。

在白雪覆盖的湖景中安排藏书票的拉丁文字母是煞风景的。画面下部岸边的残雪通过黑色与蓝色湖水对比，衬托出积雪的洁白。这黑色的线条看似岸边物象，其实是代表藏书票标志的拉丁字母。丁立松在此巧妙安排，文图相得益彰，不着痕迹，一举两得。

《西湖十景·断桥残雪》让人深切感受到明汪珂玉《西子湖拾翠余谈》中的话："西湖之胜，晴湖不如雨湖，雨湖不如月湖，月湖不如雪湖……能真正领山水之绝者，尘世有几人哉！"

丁立松正是这"真正领山水之绝者"。《西湖十景·断桥残雪》再现了大雪初霁、雪残未消的古石桥上残山剩水的荒涩感觉。白雪与桥的灰褐形成反差，远望似断非断，这正是"断桥"的来历。观赏藏书票，令人想到《白蛇传》中白素贞和许仙在这里的相遇的场景。

画中描绘断桥内外，远山近水，铺琼砌玉，淡蓝色湖山与白雪交融，呈现的是冷艳之美。而画上纷披的雪柳则给人生机勃勃的感觉：冬天已经来了，春天还会远吗？

西湖十景·断桥残雪

丁立松2020年作

《西湖十景·苏堤春晓》与《西湖十景·断桥残雪》相对应，如果说《西湖十景·断桥残雪》藏书票呈现的是冷艳之美，那么《西湖十景·苏堤春晓》表现的则是烂漫之美。画的上半部桃花灼灼，犹如铺天盖地的花雨，洒落满地落红，映照得翠山下的湖水都变成了淡红色。这张藏书票在色彩的处理上融洽贴切，无懈可击。春花热烈的暖色让人心境都变得豁然开朗起来。

苏堤是北宋文豪苏东坡任杭州知州时，疏浚西湖，利用挖出的葑泥构筑而成。后人为纪念苏东坡，命名其为苏堤。南宋时，“苏堤春晓”被列为西湖十景之首，元代称为“六桥烟柳”，列入钱塘十景。

《西湖十景·苏堤春晓》藏书票上的红花是有来由的。苏堤遍种花木，除了碧桃、垂柳，还有海棠、芙蓉、紫藤等40多个品种。画面表现春风荡漾，艳桃灼灼，湖波如镜，游船如画，万种风情，令人心醉神迷。

西湖十景·苏堤春晓

丁立松2020年作

《西湖十景·柳浪闻莺》藏书票表现了阳春三月，绿柳笼烟，柳丝迎风飘舞，宛若翠浪翻空，碧波荡漾。丁立松善于将近景和远景对应处理，三只小舟，一只近景清晰，两只远景朦胧，遥相呼应；翠绿的柳枝，与淡蓝的远山对应，清晰和朦胧遥相呼应。色彩的浓与淡，相互观照；翠柳的轻拂，对应湖水的静谧。整个画面给人轻柔淡雅、清新雅致之美。

“柳浪闻莺”在南宋时是京城最大的御花园，称聚景园。这里黄莺飞舞，竞相啼鸣，清代恢复柳浪闻莺旧景。

湖水映蓝天，金鳞红鱼结队往来，在碧水中成群游弋，泼刺戏水。碧水之澄澈，红鱼之自由自在，在丁立松的雕刀下表现得活灵活现。

《西湖十景·花港观鱼》藏书票突出表现了以花、港、鱼为特色的风景。“花港观鱼”景点位于西湖西南，三面临水，一面倚山。南宋时，内侍卢允升在花家山下建造别墅，栽花养鱼，称卢园。清康熙南巡时，重新砌池养鱼，筑亭建园，勒石立碑，题“花港观鱼”。后乾隆下江南游西湖时，作诗刻于碑阴：“花家山下流花港，花著鱼身鱼嘬花。”

西湖十景·柳浪闻莺

丁立松2020年作

西湖十景·花港观鱼

丁立松2020年作

《西湖十景·曲院风荷》藏书票画面层次分明，近景大半画面是绿色荷叶田田，红色荷花点点；中景是黑色三孔桥、林木和碧波；远处是起伏的青绿山峦。荷叶的密集层叠，通过绿色深浅过渡和弧线描绘，贴切表现出了“接天莲叶无穷碧，映日荷花别样红”的诗境。

“曲院风荷”景点位于西湖西侧，南宋时此处有宫廷酒坊，湖面种养荷花。清康熙皇帝南巡杭州，题写西湖十景景名时，将旧景移至苏堤的跨虹桥畔，亲书“曲院风荷”四字，立碑建亭。

与《西湖十景·三潭印月》之月迥然不同，《西湖十景·三潭印月》藏书票中的月景是灰调处理，萧瑟中有一种高冷美，《西湖十景·平湖秋月》藏书票中的月景是淡蓝色处理，朦胧中呈现诗意之美。波光、月影、枯树、亭阁，夜空中的飞鸟、秋水中的倒影，弥漫小夜曲若隐若现的乐音。画面舒展梦境一般的迷蒙，呈现仙境一般的美。

平湖秋月景区背倚孤山，面临西湖的外湖。在这里，唐代就建有望湖亭，清康熙建有御书楼。康熙六次南巡，五次光顾此地。

西湖十景·曲院风荷

丁立松2020年作

西湖十景·平湖秋月

丁立松2020年作

《西湖十景·雷峰夕照》藏书票表现落日夕光中，塔影横空，红霞映照，西湖波光粼粼，一派远山映近水、晚霞衬塔影的瑰丽景象。主色调为黑色和渐变的灰色，作者没有采用青绿山水的用色，在单纯的黑色和红色的对照中，更显夕照与暮色交错之魅。这张藏书票突出的是西湖之波光，无论近瞧远观，波光倒影皆可回味无穷。此景因康熙御题"雷峰夕照"而名愈显。

雷峰塔坐落于净慈寺北，南屏支脉夕照峰，系吴越国君主为庆黄妃得子而建，亦称"黄妃塔"，与保俶塔"南北相对峙，一湖映双塔"。传说法海把白娘子镇压塔下，说的正是这座雷峰塔。1924年9月25日下午，雷峰塔忽然倒塌。藏书票上的雷峰塔，是由清华大学建筑学院设计、2001年在雷峰塔原址上仿建的新塔。

"南屏晚钟"指南屏山净慈寺傍晚的钟声，南屏山在杭州西湖南岸。《西湖十景·南屏晚钟》藏书票表现了南屏山北麓山脚下的净慈寺，林木繁茂的古寺檐角两翼上翘，寺顶漫天红霞，寺前绿草如茵。这张藏书票表现了丁立松构图用色从容不迫、沉稳有致的艺术风格。

南屏晚钟是西湖十景中问世最早的景目，北宋画家张择端曾画《南屏晚钟图》，被明人记载于《天水冰山录》中。

西湖十景·雷峰夕照

丁立松2020年作

西湖十景·南屏晚钟

丁立松2020年作

这四张表现中国名山的藏书票，丁立松将其定位为“文化名人书票”，因为票主皆是文化名人。

《五岳之尊·泰山》的票主是吴少华。吴少华于1986年创办上海市收藏协会并担任会长，他还是中国博物馆学会会员、上海非遗保护中心专家、《上海收藏家》报主编等，在各级报刊发表文章3 000多篇，编写有《收藏历史的人》《鉴赏明清家具》《收藏指南——家具》《古董钟》《古董表》《淘宝上海》等近20本收藏类专著，他组织实施了千余场（次）展览、交流、研讨活动，在收藏界具有广泛的影响力。

《畅饮漓江·象鼻山》的票主是丹长江。丹长江是《新民晚报》“国家艺术杂志·品位典藏”版和“夜光杯”版的责任编辑，撰写了大量艺术家专访和收藏鉴赏类文章。

五岳之尊·泰山

丁立松2015年作

畅饮漓江·象鼻山

丁立松2015年作

《纵览风云·黄山石猴观海》的票主是陈子善，著名作家和文艺理论家，系中国作家协会会员，华东师范大学中文系研究员、博士生导师，华东师范大学中国现代文学资料与研究中心主任，编写学术专著数十本。

《革命圣地·井冈山》的票主是管燕草。管燕草系中国作家协会会员、中国戏剧家协会会员、上海淮剧团副团长、国家一级编剧等。自14岁发表作品，撰写长篇小说《一个高三女生的日记》以及中短篇小说集《靠近我》等，多部剧本获“中国戏剧文学奖”等大奖。

以上这四张表现山水的藏书票，以水印木刻营造水墨画的效果，彰显丁立松水印技法进入炉火纯青的化境。丁立松追求凹凸感的“印味”，这四张藏书票是对中国传统木刻水印饾版和拱花技法的传承和发扬光大，在以木刻水印将山水画的水墨效果表现得淋漓尽致的同时，饾版和拱花技法的娴熟运用，使其作品的画面呈现出浮雕般的效果。

纵览风云·黄山石猴观海

丁立松2015年作

革命圣地·井冈山

丁立松2015年作

《孟兆印之书》票主孟兆印是山东莱芜市规模最大的民营书店——三味书屋的创始人。他从摆地摊卖书起家，经过30多年将书店打造成中国民营最具魅力的书店。孟兆印酷爱藏书票，多次参加国际和全国藏书票交流大会。在藏书票交流会上，他结识了一些世界知名的艺术家，并向艺术家定制藏书票，这张《孟兆印之书》山水题材的藏书票就是丁立松为他创作的定制作品。

丁立松将《福金书库》和《孟兆印之书》这两张藏书票列为“泉水叮咚响”系列，其实画面上的流瀑已经不是泉水了，而是瀑布。当然，瀑布也是由泉水汇流而来的。从画境上看，有高山流水觅知音的意境，亦有青山常在绿水长流的意味。如果不去考量其寓意，仅从山水藏书票艺术上考量，这两张藏书票也是富有审美价值的作品。技法上，白色的瀑布采用拱花技法，用手抚摸，纸面有明显的凹凸感。

孟兆印之书

丁立松2016年作

福金书库

丁立松2017年作

红花绿树、水波渔舟、石桥古亭，这往往是丁立松喜欢并擅长的题材，也是读者喜欢的。《三月扬州》集合了所有这些要素，水印的红花尽情绽放，热烈而不艳俗。鲜花的花瓣不求精细工笔，而以成片印染为之，如烟如云，深浅渐变的红色如大写意笔法，但在这里采用的是木版水印技法完成，体现了印味的趣致。

画面上无数宝船扬帆竞发，斜风暴雨，浪潮汹涌，飘扬的红色旌旗上印有“明”字样，令人遥想明代郑和下西洋的盛况。当年郑和率领两万多人的船队，浩浩荡荡，从太仓刘家港起锚远航。连续七下西洋，郑和船队都是从这里出发，驶向遥远的大海。《潮起太仓》藏书票表现了这一浩大场景。

太仓与郑和下西洋有关，扬州与鉴真和尚东渡有关，《三月扬州》和《潮起太仓》都是参加“一带一路”展览的藏书票作品。

三月扬州

丁立松2017年作

潮起太仓

丁立松2017年作

这四张藏书票都是表现雪景的。雪景和水波一样，都是最考验水印木刻艺术家技法和才华的题材。在这四张藏书票中，丁立松将雪景刻画得层次分明、静谧雅致、清冷袭人，每一张作品都散发出素雅的诗意和隽永的艺术魅力。

金利良之书

丁立松2017年作

飞雪

丁立松2012年作

泊

丁立松2012年作

水乡雪

丁立松2012年作

沈延祥：雪山巍峨

巍峨的雪山、晴朗的天空、迷蒙的森林、辽阔的雪原、明亮的远山……沈延祥表现雪山题材的藏书票较多，这也是笔者收藏中最喜欢的藏书票。这一张张雪山题材藏书票呈现的意境壮阔而苍茫，表现出一种崇高纯洁的精神追求。

"雪山和我以前看到的大山都不同，与其他名山比起来，雪山洁白纯净，更壮美，更崇高，给人一种精神力量的升华，特别是雪山被称为神山，给人一种神圣感，看一眼就令人难忘。"谈到雪山，沈延祥就会变得激动起来。

沈延祥告诉笔者，他是2001年第一次到川西看到雪山的，为了看雪山，后来他又去过几次川西高原、云贵高原，印象最深的是稻城亚丁的三座神山——仙乃日、央迈勇、夏诺多吉。

延祥藏书（一）

沈延祥2003年作

延祥藏书（二）

沈延祥2003年作

此外，亚丁的俄初山也让沈延祥久久难忘。俄初山藏语意为闪光的山，海拔5 145米，山形平缓，森林广袤，山上风云变幻莫测。每年10月，初霜便降临于俄初山的山岭峰谷，雪线以下的林涛树海换上了秋天的盛装。

火红的枫叶，翠绿的松柏，金黄的桦树林与蓝天白云、皑皑雪峰交相辉映。俄初山的秋天，像艺术大师精心绘出的一幅幅绝伦无比的经典画作，让你不敢相信这美景居然真实地存在。

后来，沈延祥又去了云南丽江，看到了以险、奇、美、秀著称于世的玉龙雪山。

在他的藏书票中，我们可以看到玉龙雪山的气势磅礴，玲珑秀丽。或碧空如水，群峰晶莹耀眼；或云带束腰，雪峰皎洁；或秀丽挺拔，造型玲珑。

游览玉龙雪山后，沈延祥继续前行，欣赏到了云南省的第一高峰——梅里雪山的卡瓦格博峰，藏语为雪山之神。

梅里雪山峰型犹如一座雄壮高耸的金字塔，时隐时现的云海更为雪山披上了一层神秘的面纱。沈延祥又一次被梅里雪山的壮美和圣洁所震撼，他真正感受到了20世纪30年代美国学者称赞卡瓦格博峰是“世界最美之山”。他将这种震撼的感受移情到藏书票的创作中，创作出了令人震撼的雪山藏书票。

延祥藏书（三）

沈延祥2003年作

于江藏书

沈延祥2003年作

◆ 叶云丽藏书（一）

沈延祥2003年作

◆ 叶云丽藏书（二）

沈延祥2003年作

◆ 叶云丽藏书（三）

沈延祥2003年作

徐鸿兴：澄明烟雨江南

《玮玮的书》《元瑛藏书》《周克希藏书》藏书票通过颜色深浅的倒影和水波的纹路，表现出石桥倒影的明暗光影变化，从中可见徐鸿兴特别善于刻画水波中的倒影——都是表现水乡老桥，但每一张在构图和表现手法上都不雷同。作者充分发挥水印木刻的表现力，描绘的水乡风景具有独特的艺术魅力。

《邵德明藏书》用色极简，只有蓝色和黑色。蓝色表现湖水，浩瀚的湖面一望无际；黑色表现小舟和民居，远处一叶黑色扁舟在湖面上漂荡，几缕留白横线，表现出湖水的波光。画面底部是白墙黑瓦的民居，近在眼前，几片大小错落的墨色，刻画出水乡民居的轮廓。

构图看似简单，简单中体现出作者高超的驾驭画面的能力，简单中能让人细细品味，静静感受其意境深远，韵味无穷。

◆ 玮玮的书

徐鸿兴2010年作

◆ 元瑛藏书

徐鸿兴2010年作

◆ 周克希藏书

徐鸿兴2013年作

◆ 邵德明藏书

徐鸿兴2010年作

“尚水斋”是上海图书馆历史文献研究所副所长黄显功的斋名。黄显功是藏书票收藏家，对古今中外藏书票有深入研究，他也是藏书票活动家，是众多藏书票活动的发起者和组织者，对藏书票艺术的推广、普及以及发展、提高起到了重要作用，因此多位藏书票艺术家为他制作藏书票。

徐鸿兴从票主斋名上挖掘素材，这张藏书票以水构图，切合“尚水”之意。画面以水印木刻的形式，表现浩瀚的水面上，一人手持双桨，划动一叶小舟，划向远方，驶向湖的深处，表现了票主的求索精神。

波光粼粼的水面，充满梦幻般的诗意。左侧刻写藏书票标识和“尚水斋”三字。

尚水，即爱水、喜水、擅水、乐水，黄显功取此斋名，想必有仁者乐山、智者乐水的理想，表白其情趣追求。这张藏书票贴切地表达了票主的这一趣味和志向，同时，也令人想到书的海洋浩瀚无垠。黄显功的藏书和书票藏品又何尝不是如水之浩瀚，其对知识海洋、书的海洋的探求，对书票藏品的收集与收藏又何尝不是永无止境呢？

◆ 尚水斋藏书

徐鸿兴作

徐鸿兴为王小鹰创作的藏书票是一幅山水画。

人们都知道王小鹰是作家，却很少有人知道她也是一位画家，擅长山水画。王小鹰曾说过："一起插队的同伴都知道我每天下工都要画画，对着大山就画大山。"她的作品中也有很多描写山水的文字，所以，用山水画作为王小鹰的藏书票，既记录了王小鹰在黄山插队的经历，又表现了王小鹰的胸襟和艺术才华，只有熟悉王小鹰的艺术家，才会画出如此恰当的景物。

◆ 王小鹰藏书

徐鸿兴2014年作

错落有致的台阶延展至水中，一轮圆月作为背景，一根枯枝上栖息着一只小鸟，意趣盎然。

徐鸿兴用他惯常的沉稳色调，以暗绿的底色，加上几缕蓝色的倒影，月夜、水波、小鸟，构成一首抒情的小夜曲。

◆ 唐国柱藏书

徐鸿兴作

这组有水有船有古屋的双色藏书票严谨凝练，技法纯熟，端庄大方，都是表现水乡古镇的，但每一张在构图和表现手法上均不雷同，具有独到的艺术特色。

徐鸿兴对水乡拱桥和石板桥情有独钟，这成为他的藏书票的重要题材。这组水乡、古镇、小桥取景不同，画面各异，但都具有这类题材的徐氏元素：古镇、河水、石拱桥、乌篷船、老屋……

这组水乡藏书票既有东方木刻线条的娴熟运用，又有西方绘画色块的巧妙安排，还有国画的水墨韵味，可谓融会中西。

徐鸿兴善于将物象的阴阳向背、光影的扑朔迷离，通过渲染勾勒充分地表现出来，画面浓淡疏密、轻重缓急富有层次感。徐鸿兴的家乡在上海江湾镇彭浦乡，儿时记忆中故乡的小桥、流水、田野、老房，如今都一一呈现在他的藏书票和绘画作品中。

◆ 张春新藏书

◆ 项鼎元藏书

徐鸿兴作

徐鸿兴作

◆ 高国富藏书

徐鸿兴作

◆ 姚锦权藏书

徐鸿兴作

◆ 张双喜藏书

徐鸿兴作

◆ 王汝宽藏书

徐鸿兴作

徐鸿兴的这组“湖上”系列藏书票富有国画的韵味，确实，他也是国画高手，在他的画中，浓淡疏密、轻重缓急、渲染勾勒，物象的阴阳向背，光影的扑朔迷离被充分地呈现出来。作品简洁，整体协调浑然一体，既有版画的整体厚实，也有水彩的浑然效果，又有国画的笔墨韵味。“湖上”系列藏书票是笔者所藏的徐鸿兴最新作品，这也是他将水印木刻技法运用得炉火纯青之作。

◆ 湖上（一）

徐鸿兴2020年作

◆ 湖上（二）

徐鸿兴2020年作

◆ 湖上（三）

徐鸿兴2020年作

◆ 湖上（四）

徐鸿兴2020年作

这10张藏书票呈现的是将飞禽、鱼与水景融为一体的画面，有鹭、鹤、鹅、鸭，还有海底鱼、莲塘红金鱼、水上蜻蜓等，大多是成双成对的形象，表现了大自然中的动物相亲相爱，与山水自然和谐共处的场景。

徐鸿兴是善于表现水的藏书票艺术家，他早期创作的水乡古镇系列，将古老的建筑置于水的背景，一切都因水而生动，可见，徐鸿兴对水的风景情有独钟。

这组飞禽和鱼类藏书票延续了徐鸿兴擅长的水乡题材，既保留了他这类题材藏书票的严谨凝练、端庄大方，又进一步删繁就简、提炼升华。这些水景藏书票色彩简括，通常只有三四色，淡淡的底纹，不规则的横向波纹，浓墨重彩的鸟儿成为画面的焦点，风格淡雅，轻柔抒情。

◆ 朱述贤藏书

徐鸿兴2013年作

◆ 朱昌钧藏书

徐鸿兴2013年作

◆ 元瑛藏书

徐鸿兴作

◆ 李惟婧藏书

徐鸿兴作

◆ 张同庆珍藏

徐鸿兴作

◆ 秦丹妮藏书

徐鸿兴作

◆ 唐诺藏书

徐鸿兴2013年作

◆ 俞晓菁藏书

徐鸿兴作

◆ 杨广超爱书

徐鸿兴2011年作

◆ 杨广超存书

徐鸿兴2011年作

丁金胜：木纹技法的韵味

2011年，丁金胜以更大的热情投入藏书票创作，创作出他的得意之作——“西湖十景”系列藏书票，共有11张。

此系列中的首张藏书票采用竖幅画面，造型如宫扇，又如瓷器花瓶，小小画幅中，汇集“三潭印月”“曲院风荷”“柳浪闻莺”中的塔、荷花和柳枝，三者正是西湖十景中最具代表性的景点。丁金胜将其巧妙安排在一张画上，起到了提纲挈领、总括十景的作用。图中竖写草书“西湖十景”，自然成了这套藏书票的封面。

◆ 西湖十景

丁金胜2011年作

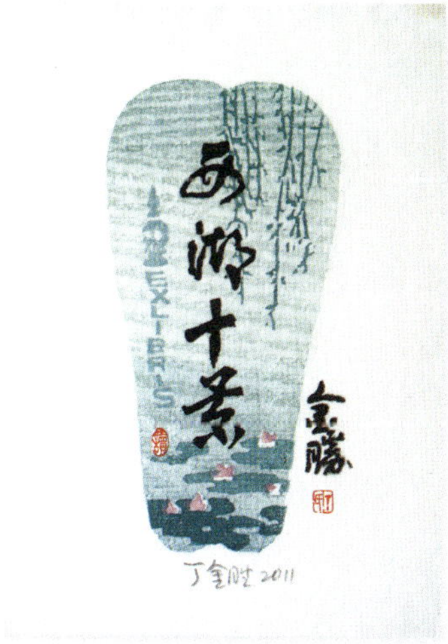

丁金胜的“西湖十景”藏书票的艺术特点表现在以下几个方面：

画面随形，胜在构图。

藏书票通常采用竖幅或横幅构图，这组藏书票打破常规，不入窠臼，全部采取随形构图，或如扇面，或如窗形，或如插屏，或如洪钟，几乎囊括了中国传统构图的主要形状，11张藏书票没有一张图形雷同，构图造型异彩纷呈。

每一张构图都考虑到了景物特点，贴合景物特点，巧妙地将其化为图形。如《南屏晚钟》，图形为一口倒扣的大钟，将景物刻绘在钟形上。

浓缩景物，特写表现。

藏书票画幅很小，而西湖每一处景色都很辽阔，如何表现十景？丁金胜的方式是将每一景中最具代表性的物象突出表现，省略其他次要的景物，特别是当两者不可兼得时，更需要有巧思。如“双峰插云”，画家通常都是画两座山峰，包括山峰上的塔，这是写实的画法。丁金胜则另辟蹊径，他不画山峰，只画倒影，既节省了画幅，又以特写的方式突出表现了双峰倒影之美。

木纹技法，别有韵味。

丁金胜擅长木纹技法，“西湖十景”几乎每一张都

◆ 南屏晚钟

丁金胜2011年作

◆ 双峰插云

丁金胜2011年作

采用了木纹技法，无论是湖水还是天空，经他富有层次感的木纹技法的处理，看似留白而非留白，画面朦胧中体现丰富。色调的过渡，光影的变化，通过木纹表现，韵味无穷。

留有悬念，耐人寻味。

言有尽而意无穷，是文章的高妙之处，“西湖十景”画面上亦多留有悬念。如《柳浪闻莺》，此景的落脚点是莺，画面上却不见莺，需要观众在柳枝柳叶中寻找，而在寻找间，自然可闻莺啼。将再创作的想象留给观众，这是画家的高明之处。

《南屏晚钟》亦如是。这是丁金胜为山东藏书票收藏家杨广超创作的一张藏书票。通常画家都要画净慈寺钟楼的钟，但在这张藏书票上，并未描绘钟楼之钟，而是重点描绘绿树掩映中寺庙黑色的檐角，夕阳下的满天红霞，烘托出了南屏晚钟的氛围。虽找不到钟，但人们也似听到了晚钟袅袅的余音。当然，有悟性的观众从图形上已辨出钟的所在。

◆ 柳浪闻莺

丁金胜2011年作

◆ 苏堤春晓

丁金胜2011年作

◆ 三潭印月

丁金胜2011年作

◆ 花港观鱼

丁金胜2011年作

◆ 断桥残雪

丁金胜2011年作

◆ 雷峰夕照

丁金胜2011年作

◆ 平湖秋月

丁金胜2011年作

◆ 曲院风荷

丁金胜2011年作

这八张表现山景的藏书票，多表现黄山风景：或黄山迎客松，或黄山云雾，或石猴观海，丁金胜水印木刻确切地刻画出了峭石奇松之态，营造出云雾缭绕之美。

◆ 敬贵藏书

丁金胜2013年作

◆ 柏炎藏书

丁金胜2014年作

◆ 伊娃藏书

丁金胜2012年作

◆ 刘焔藏书

丁金胜2013年作

◆ 一心书斋

丁金胜2013年作

◆ 赟晶藏书

丁金胜2013年作

◆ 阿磊藏书（一）

丁金胜2013年作

◆ 锵如之书

丁金胜2013年作

瀑布是丁金胜喜欢的题材，这六张表现瀑布的藏书票是他的山水藏书票代表作。

这里以《桂芝藏书》为例。这张藏书票在表现飞流直下三千尺的气势时，似乎并未止步于此，而是重在表现瀑布跌宕而下的层层叠叠山崖水势。丁金胜通过深浅浓淡的水印墨色变化，表现出水流的变化和光影的变化。

飞翔的雄鹰为瀑布画面更添壮美。

桂芝是丁金胜的妻子，藏书票的画面或许不仅仅是表现壮美风景，里面饱含情感，是青山不老、绿水长流的恩爱，有高山流水得知音的欣悦，还有走过无数人生坎坷比翼双飞相依为命的感怀……

◆ 桂芝藏书

丁金胜2013年作

◆ 阿磊藏书（二）

丁金胜2014年作

◆ 德福藏书

丁金胜2013年作

◆ 钟和藏书

丁金胜2014年作

◆ 士亭藏书

丁金胜2015年作

◆ 桂兰藏书

丁金胜2013年作

丁金胜的山水藏书票中，有十几张是表现江南水乡的。水乡古镇的拱桥，水面上的飞鸟，水上的船帆，水中船帆的倒影，这些藏书票都有水的画面。对水的处理，丁金胜探索出了一套独特的水印表现方法，通过浅灰和淡蓝色的交织和变化，颜料的颗粒或深或浅，使水面呈现出一波波律动的波纹。淡雅的远景，浓黑的近景，层层递进的远近透视感和水墨韵味，使画面浸透抒情的诗意。

◆ 弗闲斋藏书

丁金胜2006年作

◆ 金胜藏书（一）

丁金胜2006年作

◆ 金胜藏书（二）

丁金胜2012年作

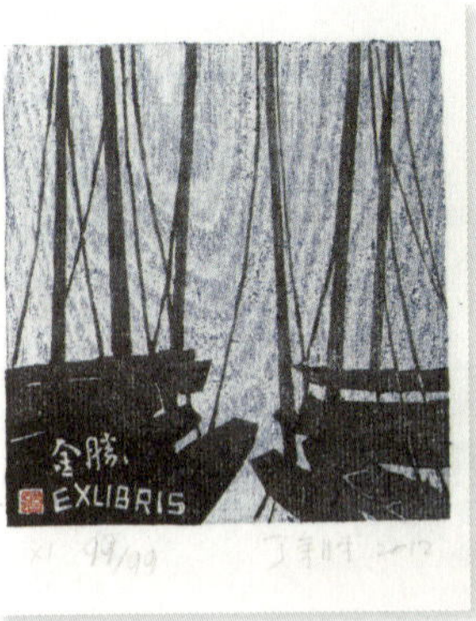

◆ 金胜藏书（三）

丁金胜2013年作

◆ 邵雪藏书

丁金胜2008年作

◆ 江枫渔火

丁金胜2008年作

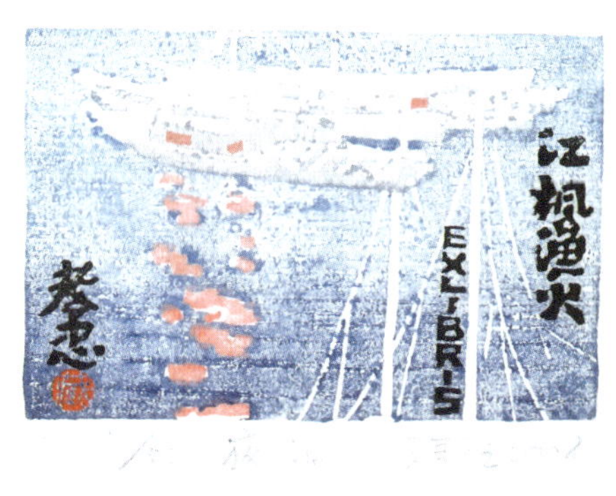

◆ 家住江南　文殊爱书

丁金胜2009年作

◆ 锐军藏书

丁金胜2011年作

◆ 代风爱书

丁金胜2013年作

◆ 江流天地外

丁金胜2011年作

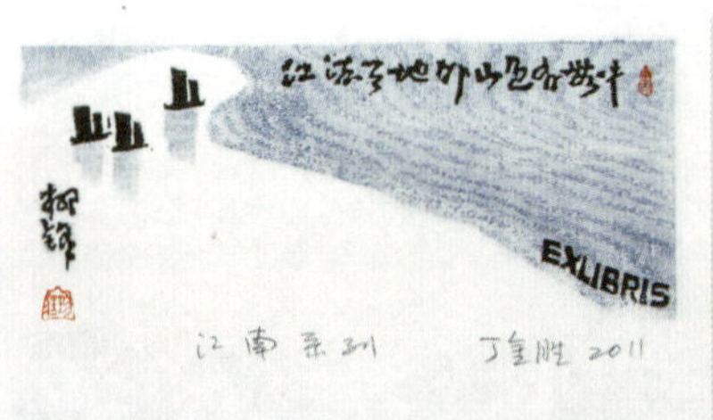

◆ 小丁藏书

丁金胜2016年作

◆ 权希军藏书

丁金胜2009年作

◆ 丁金胜藏书

丁金胜1998年作

除了江南水乡，丁金胜还创作了两张描绘大江大海的藏书票，即《长河落日圆》《四大名楼之蓬莱阁》，一张描绘落日滑进黄河，河水映照夕阳晚霞，雄浑而壮美；一张是表现大海和蓬莱仙境。

《四大名楼之蓬莱阁》是丁金胜为山东藏书票收藏家杨广超创作的一张藏书票，构图单纯而讲究。蓬莱阁居中，一轮金色的朝阳喷薄而出，映衬在蓬莱阁之上。蓝色的大海采用雕版的木纹，很好地表现了海浪的层层涌流，冷中有暖的色彩十分协调。

◆ 长河落日圆

丁金胜2009年作

◆ 四大名楼之蓬莱阁

丁金胜2009年作

五张雪中山水的藏书票，在表现冰雪世界的清冷纯净的同时，注重雪的厚度质感的表现。大雪笼罩的雪山多采用木纹技法，以写意的手法，营造出雪山上松杉被雪笼罩的状貌，十分贴切。雪中山水并非静止、孤立地存在，每张画面上都有生命的律动，或两点人影，或三只小鹿，或几缕炊烟，或一轮明月几点灯火，雪景因此变得多情而温馨起来。

◆ 晓菁藏书

丁金胜2013年作

◆ 小丁藏书

丁金胜2014年作

◆ 简平藏书

丁金胜2013年作

◆ 谢琳琳藏书

丁金胜2011年作

◆ 桂芝藏书

丁金胜2012年作

罗保根：下刀如神

“张家界”系列藏书票采用木面木刻制版，通过斜线和斜点构成画面，刀法娴熟，线条细密，点线结合，阴刻和阳刻交织，真实地刻画出了世界自然遗产张家界仙境般的景色，其细致逼真程度可与黑白照片媲美。然而，画家又不仅仅满足于对风景的忠实还原，而是艺术地再现张家界美景的秀和奇，尽显凸版木刻的魅力。

创作这套藏书票之前，罗保根曾两次到张家界，第一次是2008年。第一眼看到张家界，罗保根就被大自然鬼斧神工的奇景征服了，他感到张家界与他以前看到的所有的名山都不一样。游览在如诗如画的仙境中，画家当时就在心里萌生了要创作一套藏书票的念头。为此，他拍摄了很多张家界的风景照片，为创作积累和准备素材。

◆ 张家界（一）

罗保根2013年作

◆ 张家界（二）

罗保根2013年作

2012年，他再一次来到张家界，细细观察张家界的山势、云雾和水景，捕捉张家界最美的视角。

古人说，“读书破万卷，下笔如有神”。罗保根是读山千百遍，下刀如有神。2013年，罗保根一次次阅看他在张家界拍摄的千百张照片，终于，构思成熟了，他确定了张家界的16个画面，用半年时间，创作出了这组16张一套的藏书票。

这套藏书票又分为两组，其中前面11张横幅带编号的藏书票为一组，后面五张（一张横幅四张竖幅）为一组。这套以张家界为主题的藏书票，基本囊括了张家界的著名景点。欣赏这16张藏书票，可以体验到足不出户坐拥仙境，平生尽览张家界美景之感。

◆ 张家界（三）

罗保根2013年作

◆ 张家界（四）

罗保根2013年作

◆ 张家界（五）

罗保根2013年作

◆ 张家界（六）

罗保根2013年作

◆ 张家界（七）

罗保根2013年作

◆ 张家界（八）

罗保根2013年作

◆ 张家界（九）

罗保根2013年作

◆ 张家界（十）

罗保根2013年作

◆张家界（十一）

罗保根2013年作

◆张家界·武陵源

罗保根2013年作

◆ 张家界·御笔峰

罗保根2013年作

◆ 张家界·宝峰巨瀑

罗保根2013年作

◆ 张家界·金鞭岩

罗保根2013年作

◆ 张家界·夫妻岩

罗保根2013年作

罗保根的风景藏书票还有一部分表现了纯净的山乡风情，在他这一系列藏书票中，有清泉石上流的清泠，有山乡民居的古朴，有山林之树的古老和孤独，有山乡小路的悠远……总之，在不知不觉间，他将我们带到一个遥远而又纯净的世界。

罗根保营造山水诗意的艺术世界为我们呈现出神奇的魅力，而这魅力显然是建立在他对艺术的精益求精上的。这组山乡风情藏书票以一丝不苟的创作态度，展现了艺术家对完美的不懈追求。在1998年第七届全国藏书票大展中，罗保根的藏书票获得铜奖。

◆ 文华藏书（一）

罗保根1998年作

◆ 文华藏书（二）

罗保根1998年作

◆ 文华藏书（三）

罗保根1998年作

◆ 文华藏书（四）

罗保根1998年作

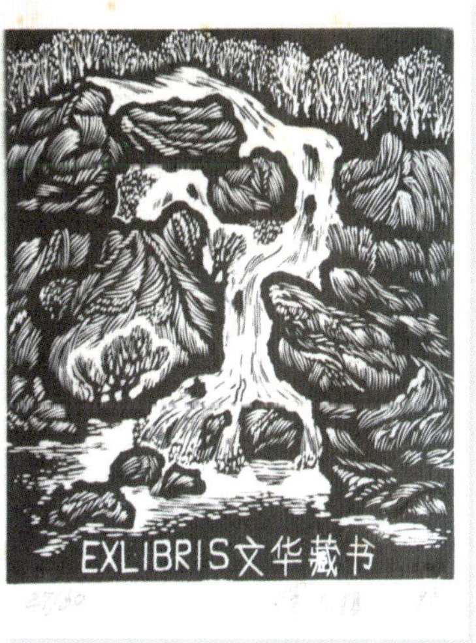

王维德：山塬厚土

“山塬书屋”是王维德创作的一组表现陕西黄土高原地貌风光的藏书票。

通常画家以红叶表现秋天景色，而《秋塬》以金黄色的树叶表现秋天，这符合黄土高原的植物色彩特点，也是对“金秋”的礼赞。树的远处是一层层梯田一样的山塬，本也是塬上的梯田——不平整的塬上丘壑经人工修整后的地。塬是因流水冲刷而形成的一种地貌，呈台状，四周陡峭，顶上平坦。

《秋塬》表现出了塬的本意和状貌。秋天的塬上庄稼已经收割，光秃秃的，但明亮的金色洋溢着阳光、昂扬、乐观的色彩。

《晨曦》的色彩更加丰富。山塬上升起的朝阳，给大地镀上了一层淡黄和橘红的色彩，彩霞满天，朦胧的山塬和深色的三棵大树，衬托出旭日的光环，这光环采取渐变色彩处理。画面上明暗、光影的变化，显示出了王维德对色彩、光影处理的娴熟技巧。

秋塬

王维德2011年作

晨曦

王维德2011年作

这组藏书票创作于2016年，是王维德于2011年创作的彩色“山塬书屋”系列的延续，属于同一系列。王维德的很多藏书票都涉及山塬画面或以山塬为题，山塬似已成为王维德艺术中的一个符号，一个“专利”，一个“标签”和品牌。

其中《春萌》，描绘冬去春来，山塬在苏醒，塬上一树树红色的桃花带来了春天。山塬高耸，挡不住春天的呼唤。作者用深情而细腻的笔触，捕捉到山里春的信息，表现出烂漫的风光。

春萌

王维德2016年作

夏荫

王维德2016年作

这组表现山塬的藏书票画幅虽小，但每张都有大版画的格局，凝聚着王维德浓厚的乡土情结。王维德钟情于黄土高原沟壑纵横、支离破碎的地貌，致力于对生活在这片土地上的淳朴、勤劳的人民的赞美。这一道道山梁，一层层梯田，山塬四季的自然美呈现出五彩的旋律。起伏的山塬间，气势恢宏的沟壑，蜿蜒迂回的曲线，敦厚凝重的色块，顽强而恣意生长的林木，自由的飞鸟，令人胸中豁然开朗，心旷神怡。

蓝色、黄色、绿色、红色，这组藏书票每张都有一个主色调，每种色彩代表一个季节，色彩并不鲜艳，但明亮纯净，质朴中有一种雅致的情调，令人赏心悦目。

秋韵

王维德2016年作

冬寒

王维德2016年作

王维德生活在固原，这是宁夏南部一个多山的地区。这里有象征着红军长征胜利的六盘山，有古代梵音萦绕的须弥山，有浓荫如盖的黄茹山，有黄花遍野、厚土如塬的月亮山。作为古丝绸之路上的重镇，固原自然环境优美，文化底蕴深厚，历代名人辈出，当代人杰地灵。

家乡的山水名胜成为王维德创作藏书票的一个重要系列，有《丹崖石城》《龙潭水深》《山城朝晖》《山塬厚土》《六盘高峰》《弹筝古峡》等10张。

《古寺逢春》，沙枣花在山坡上热烈而静静地开放，烘托出深山藏古寺的意境。

《古秦长城》，如巨龙游走于崇山峻岭。

《须弥瑰宝》，大佛在静默中微笑，背抵大山更显现出慈祥端庄中的威严。游人如蚁。

《文澜秋月》，在大西北高原之上，光秃秃的枯枝，明月下的古亭更显清瘦，有着千古的寂寞。

王维德创作的这套藏书票西北特色浓郁，深深植根于生活，他就像一个挖井工，牢牢盯住一个点深深挖掘，从生活的源头汲取创作灵感。

王维德在构图布局上宏观大气，而在一些细节的表现上，又一丝不苟，表现大山的皴折处采用阴刻和阳刻交织的技法，有一套独到的刀法，如行云流水，娴熟而洒脱。

◆ 丹崖石城

王维德2001年作

◆ 龙潭水深

王维德2001年作

◆ 山城朝晖

王维德2001年作

◆ 山塬厚土

王维德2001年作

◆ 六盘高峰

王维德2001年作

◆ 弹筝古峡

王维德2001年作

◆ 古寺逢春

王维德2001年作

◆ 古秦长城

王维德2001年作

◆ 须弥瑰宝

王维德2001年作

◆ 文澜秋月

王维德2001年作

“山塬书屋”是王维德藏书票的一个最大的系列，2004年创作的这组黑白藏书票“山塬书屋”，虽然没有色彩，但雄浑山塬奇中有秀，线条富有表现力，为后来的彩色“山塬书屋”奠定了题材和技法基础。

从这八张“山塬书屋”可见，王维德眼中的固原山塬是朴实而浑厚的。这套表现家乡山塬的藏书票，饱含着作者深沉的情感，倾注着他对家乡山水的无尽爱恋。

艺术是艺术家人格的体现，王维德就像深山藏古寺，在寂寞和孤独中埋头默默耕耘，默默地创造，绽放出绚丽的艺术之花。

藏书票表现了山塬上的大树，作者没有描摹树的高大，而是将焦点聚集在树的根部，深深地扎入山塬厚土，一如他的艺术之根，扎根于黄土高坡。

◆山塬书屋（一）

王维德2004年作

◆山塬书屋（二）

王维德2004年作

◆山塬书屋（三）

王维德2004年作

◆山塬书屋（四）

王维德2004年作

◆ 山塬书屋（五）

王维德2004年作

◆ 山塬书屋藏（一）

王维德2004年作

◆ 山塬书屋藏（二）

王维德2004年作

◆ 山塬书屋藏（三）

王维德2004年作

◆ 维德藏书

王维德1999年作

张家瑞：书画入魂

在中国藏书票界，将同一位书法家的书法作品融入藏书票，创作出系列书法藏书票的，张家瑞是第一人。他创作的“邵华泽书法藏书票”系列，深受文人喜爱。

他的木刻是以刀代笔，线条运刀擅长直线，如表现启功楷书类书法尚有规律可循，或可游刃有余，但邵华泽的书法以行草为主，自由挥洒，变化莫测，对于擅长表现直线的木刻毫无规律可循，忠实再现原作有一定难度。

技术上的难度对于木刻技法炉火纯青的张家瑞不是问题，更大的难处是书画同在一个小小的画面上，两者既要互不干扰，又要和谐一致，相辅相成。“最为困难的便是体现书法作品的韵味和书法作者的精神，把书卷气表现出来。”张家瑞说。

《明月松间照 清泉石上流》巧妙解决了书和画的和谐布局。张家瑞以严谨的现实主义手法，刻画出书法诗句的意境，一轮明月悬挂在松树间，照亮了汇成溪流的山泉水。画面是淡雅的色彩，书法为浓墨，画为辅，突出了书法主体，三方红色印鉴大小搭配，呈不规则品字状参差布局，错落有致，书、画、印的结合相得益彰。

◆ 明月松间照 清泉石上流

张家瑞2003年作

《青山不老 绿水长流》和《明月松间照 清泉石上流》有异曲同工之妙，不同的是，这张藏书票上的书法是隶书，敦厚凝重。这是张家瑞为季羡林创作的另一张藏书票，“青山不老”切合国学大师的身份，“青山不老　绿水长流”是对季老的敬仰，也是祝愿。一张藏书票，连接两位当代文化名人，为藏家所珍。

邵华泽曾任《人民日报》社社长兼总编辑，张家瑞为邵华泽的书法创作了数十张藏书票，《鹰击长空　鱼翔浅底》《高山流水》《天高任鸟飞》《岁寒松柏》……这批书法藏书票追求简约之美、气韵之美、中和之美，“书票与诗意、画意合着一个灵魂”，画家和书法家的合作，成就了中国藏书票的一段佳话。

◆ 青山不老 绿水长流

张家瑞2003年作

《张家瑞画展》是为作者2004年在日本东京举办个人画展创作的纪念藏书票。万顷碧波中的唐代宝船，令人想到鉴真大师东渡传法的盛举，画展是中日文化交流的延续。该藏书票突出表现了水波荡漾的纹理，近景波纹起伏跌宕，呈淡蓝色；中景波纹环绕宝船，呈深蓝色；远景波纹细密柔和，呈浅蓝色。三种波纹的处理，使得画面上的水景呈现出丰富的变化。

◆ 张家瑞画展

张家瑞2004年作

吴俊发：水印新格局

这是1995年吴俊发创作的两张关于黄山的藏书票，《黄山松》尽人皆知，画家粗犷的刀法，简洁地表现了黄山松的挺拔和精神。

《猴子观海》亦取材于黄山一景。“猴子观海”位于黄山风景区北海景区黄山狮子峰前。对黄山的这一处奇石景观，当地居民习惯称之为“猴子望太平”。藏书票上刻画了一石猴独踞峰顶，仿佛极目远望，又似欲纵身跃入云海。天空中云雾缭绕，远山时隐时现，这奇幻之景被猴子尽收眼底。小小画面令人想到一首诗：“灵猴观海不知年，万顷红云镶碧天。坐看人间兴废事，几经沧海变桑田。”

◆ 黄山松

吴俊发1995年作

◆ 猴子观海

吴俊发1995年作

陆放：色与水相互渗透

这张藏书票一如既往地体现了陆放西湖版画的典雅风格，和他的许多西湖版画一样，画面上有一条趋于平直的水平线。通常，平直线易造成画面的板滞之感，但在这张藏书票中，这条线既是西湖以堤连湖、堤上有桥的真实写照，又使其画面增添了宁静祥和之感。画面中央是阴刻的两行篆书："杭州 第十一届全国藏书票艺术展"，说明这是一张纪念书票。

这张藏书票虽小，但小中见大，亦有大版画的格局。画面色彩非常简单，淡灰绿的基调，衬托着若隐若现的蒙蒙冬景，墨线表现桥堤、行人和树枝，横斜的树枝呈放射形，无数小树枝占据大半画面，看似杂乱无章，又充满美感，用刀流畅而富有情趣和韵味。与墨线相随的是阴刻留白线条，树枝上的积雪和湖边、桥上的积雪，通过黑白交织互衬，梦幻般地显现。而整体采用淡灰绿的底色，营造冷冽而清朗的雪景，显得十分雅致。

杭州·第十一届全国藏书票艺术展

陆放2005年作

《第11届全国藏书票艺术展》与上张是同一时期，都是为2005年10月20日到24日在杭州举办的藏书票展创作的，不同的是，上张是表现雪景的冷色调，这张是表现金秋的暖色调。

画面表现了西湖宝石山，保俶塔高耸入云，红霞满天，大雁呈人字形从天空飞过。以西湖美景献画于全国藏书票展，表达了作者对该展在杭州举办的欢欣雀跃之情。

此次展览作品征集从2005年年初开始，到当年8月20日截止时，组委会共收到全国藏书票作品1800多幅。经评委在北京认真评选，有1100幅藏书票入选。展览期间，还举办了“藏书票交易交换会”“藏书票艺术研讨会”和“艺委会工作会议”等活动。

当时，《浙江日报》以“‘西湖陆’为‘宝石’争辉”为题（藏书票被称为“纸上宝石”），报道了陆放对本届藏书票展的贡献。报道中还描述了当时陆放藏书票创作情况：“陆放与藏书票有着很深的感情……1984年至今的整整20年时间里，陆放共制作了藏书票180余幅，作品被全国各地数以千计的爱好者珍藏。”

正是在这样的背景下，陆放创作了3张《第11届全国藏书票艺术展》藏书票。

第11届全国藏书票艺术展

陆放2005年作

水乡古镇的小河上，波光粼粼，一屋横跨其间，青瓦连绵、绿树婆娑。画面的焦点是桥洞后的两叶小舟，舟中人荡桨河上，近处的波光和远处的水天一色，通过黑白的渐变对比，显得时空幽远。门前的草堆和河边的石板道，是岁月的痕迹、童年的记忆。

陆放采用圆刀和三棱刀组合，写实而诗意地表现出了水乡古镇河水清亮、石板厚重、草垛绵柔的景象。这里没有喧哗也没有浮躁，一切都显得静谧平和而富有生气，这恰如陆放的心境。

跨河而建的老屋看似是一座，其实往往是两家，通常为兄弟。两边各为两开间的两层居室，两边的河埠是各自的船码头和洗衣处。河道之上的建筑是房屋，也似廊桥，方便两家过往。两家亦是一家，闲时观景，夏时纳凉，好不惬意。

这张藏书票构思巧妙，藏书票的标识“EXLIBRIS”安置在桥屋跨间的护栏上，“李德忠藏书”用篆体安排在一面墙上，妥帖而不抢眼，文字和场景结合得很完美。

票主李德忠曾长期在绍兴生活和工作，繁忙工作之余，酷爱国画艺术，泼墨作画，自得其乐，作品常见于省级大展。正是因为对绘画艺术的酷爱，也是对藏书票一见钟情，他委托陆放制作藏书票。藏书票借古镇的旧景桥屋，表现了票主对绍兴水乡的一往深情。

李德忠藏书

陆放2008年作

陈雅丹：境由心造

这张藏书票的下面五个三角犹如五座山峰，中间的图形仍是山峦连绵，上面S形回旋环绕的线条犹如行云流水，天路苍茫。

翻越一座山峰，那边还有一座，攀登无止境，探索无止境；云水浩浩，艺海无涯，遨游无止境。这或是《无止境斋藏书》藏书票表达的意境。

这张小巧的藏书票创作于1985年，上面印有四个字："无止境斋"。"无止境斋"是长篇历史小说《李自成》的作者姚雪垠的书斋名，他还有一方闲章"无止境斋主人"，风雅地表达了自己的志趣。学无止境，艺无止境，陈雅丹虽是给作家创作藏书票，但境由心造，这张藏书票表达的也是陈雅丹在艺海中苦苦探求、永不满足的精神写照。

无止境斋藏书

陈雅丹1985年作

陈雅丹还为多位当代文化名人创作过藏书票，其中的代表作有《草明藏书》《文井藏书》和《白羽珍藏》。

《草明藏书》是陈雅丹为女作家草明创作的一张藏书票。画面的主体是骆驼、太阳和小草。它取材于草明的一段话："骆驼的品格不卑不亢，吃苦耐劳，一步一个脚印，始终如一奔向目标……"藏书票根据这段话而创作，将儿童画的稚气和民间剪纸艺术的元素融入画中，大巧若拙，以简洁的构图和富有灵气的艺术手法，刻画出了骆驼的坚韧与可爱。

《文井藏书》设计上犹如万花筒，因此该藏书票又名《万花筒》，这是陈雅丹为严文井创作的一张藏书票。

严文井是著名儿童文学作家，他的作品对于儿童来说，犹如万花筒，给读者带来五颜六色的童年梦想，所以陈雅丹将藏书票设计为万花筒形状。

在这个万花筒中，陈雅丹巧妙地将严文井的"井"字镶嵌其中，总揽全图，以"井"字笔画分割出八边多角形，形成井口图案，与作家名字中的"井"字吻合。

分割的方格里分别嵌有"文井藏书"四字，井中有三道水波纹代表一汪清清的井水，用以比喻大师的"儿童文学之井"。

整个图案为一口大井，五个四方块和四个三角形，色

草明藏书

陈雅丹作

文井藏书

陈雅丹作

彩构成都不一样，黄绿蓝黑白五色错落有致。构图上，大井中套一个小“井”字，小“井”字采取黄绿两色。构图虽简洁，但寓意深刻，尤其在设计上独具匠心，不愧为中国美术家协会插图装帧艺术委员会委员的慧心之作。

《白羽珍藏》是陈雅丹为当代作家刘白羽创作的一张藏书票。刘白羽曾任中国作家协会副主席，其代表作有长篇小说《第二个太阳》、散文《日出》。这张藏书票以太阳为图，正是基于票主的经典作品的主题。

《白羽珍藏》画面上三个男子持桨站立船中，在波涛中拼命划船，在文学之海、艺术之海上，为了理想和信念拼力向前，划向太阳。这张藏书票构图精妙，立意高远，内涵丰富，一如刘白羽的作品，有一种昂扬、乐观、阳光、催人奋进的力量。

白羽珍藏

陈雅丹作

周志清：小画幅大气象

周志清眼中的山水是雄浑的，然而，雄浑中有清秀，宏观中注重微观的表现，溪水、山石和瀑布均表现得细致入微。他擅长的铜版技法很适合这种细微的表现。

兰田水

周志清2000年作

木刻创作是周志清继砖刻和铜版藏书票之后的另一种表现形式。《塞门秋色》《山高水远》《蓟北暮云》《翠峰竞秀》《云山依旧》《我看青山多娇媚》《翠微霜晓》《留月去无声》《青山深处》《江山知何处》……这组山水木刻共有10张，多采用阴刻手法，或阴刻阳刻交错奏刀，在黑与白的对比中，展现大山的雄浑和神奇，借大山之沟壑，融天地之精魂，表现胸中之块垒。

小小尺幅，呈现大气象、大格局，这些藏书票中，人物和动物都显得十分渺小，但通过留白的衬托，加上精细入微的刻画，画家赋予人物以生命，为静态的大山增添了动感活力，因此很容易成为画面的聚焦点，引发人与自然的禅思和天人合一的哲意。

◆ 塞门秋色

周志清2012年作

◆ 山高水远

周志清2012年作

这组木刻没有刻印藏书票的标识，属于小版画，但尺幅和藏书票一样，只要刻印藏书票标识，或盖上某某藏书标识，就是藏书票。

◆ 江山知何处

周志清2012年作

◆ 青山深处

周志清2012年作

叶枝新：色彩的追求

《葆青斋藏书》是一张以张家界风光为主题的藏书票，《枝新藏书》表现了山石的奇特状貌，《幼泉藏书》表现了山川河谷、大雁南飞的景象。

这3张藏书票是叶枝新的探索性作品，也是他的综合版代表作，也是技法上的创新之作，艺术效果十分独特。

◆ 葆青斋藏书

叶枝新2001年作

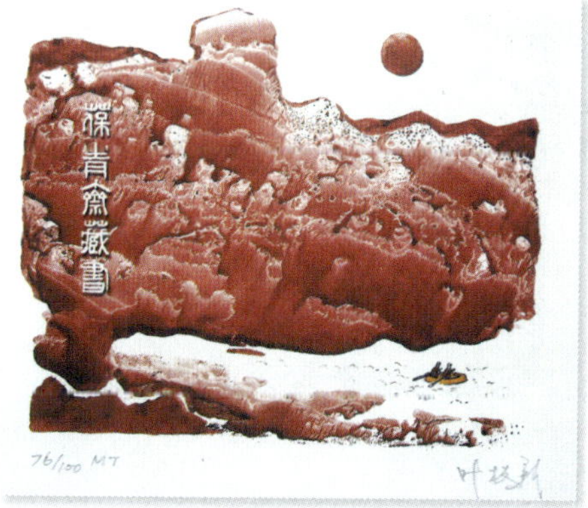

◆ 枝新藏书

叶枝新2004年作

◆ 幼泉藏书

叶枝新2004年作

《威尼斯小舟》《希腊小岛风景》是叶枝新到海外参加国际藏书票大会和展览的观感之作。

《希腊小岛风景》是第37届国际藏书票联盟大会双年展入选的作品，且选入画册。

◆ 威尼斯小舟

叶枝新2013年作

◆ 希腊小岛风景

叶枝新2017年作

这张藏书票表现的水乡是叶枝新熟悉的场景，因此轻车熟路，信手拈来，具有一种感人的艺术魅力。

从画面上看，这张藏书票可称为《故乡》：河上的石桥，黑瓦白墙的民居，朴实地表现出了生活化的真实场景。行走的人、驾船的人和打水的人，每一个人都有动感的姿态，各不相同，表现了作者对这些故乡人的熟悉，更饱含作者对故乡人的感情，刻画精心，使这些小不点儿的人物形象个个都很传神。

为了处理藏书票标识，作者费了些心思，巧妙地将“枝新藏书”和“EXLIBRIS”与河边的石壁融合，如不仔细看，还看不出来，而一经发现，想必读者会有淘宝似的意外惊喜。

《故乡》藏书票的色彩也颇有特色，白墙黑瓦是现实色彩，民居的墙采用淡绿色则不是现实中的真实色彩，但这一有悖真实的色彩并不突兀，反而更增添了画面的美感，使这张藏书票有一种梦幻般的色彩。故乡原本就是梦中的故乡啊，这就是人们常说的——梦回故乡。

◆ 故乡

叶枝新作

这是叶枝新为奥地利的收藏家威尔海尔姆·威斯考赛尔创作的一张藏书票，可称为《水乡雨景》。

叶枝新两次赴欧洲参加国际藏书票大会，结识了这位奥地利朋友。起初，威尔海尔姆和他的儿子得·威斯考赛尔找到叶枝新交流藏书票，时间长了就成为好友。

第二次在瑞士相见，两人已是老朋友，交换了很多书票，还达成了叶枝新为他做书票换他全套专用书票的“协议”。回国后，叶枝新按照威尔海尔姆的具体要求，为他创作了两张中国水乡的木版水印风景书票，换回了威尔海尔姆全套130张以他名字为票主的专用藏书票。

这张《水乡雨景》艺术上最大的特色是层次感，三桥和民居参差错落，前面近处桥上打伞行人的墨线浓重清晰，色彩鲜艳，远处拱桥上的行人朦胧淡然，民居前后远近的墨色渐淡处理得很好，表现出了雨景中透视的空间感。

◆ 水乡雨景

叶枝新作

叶枝新对新疆情有独钟，创作了一系列表现新疆的藏书票，这是其中八张。

2000年第八届全国藏书票大会在新疆乌鲁木齐举办，会后叶枝新参加长时间的采风团，纵贯南疆北疆。

从新疆回来之后，叶枝新用钢笔画的形式画了一套八张两色的藏书票。但是，这么好的新疆风景用钢笔画，叶枝新总是感到表现不够理想，于是他又起草套色木刻的藏书票画稿。真正开始刻印是2003年。“当时我用了20世纪60年代初‘西安版画月会’时期，修军、张建文先生从咸阳弄来的古树梨木刻制，刨光后在放大镜下刻。”叶枝新回忆道。

刻一张藏书票所花的时间在一个月左右，当时只印制了几张样品，真正印制那几十张是第二年。

2010年叶枝新在土耳其参加第33届国际藏书票联盟大会交流时，中国台湾藏书票协会主席潘元石和日本藏书票协会会长夫人内田晶子都很喜欢这套新疆藏书票，他们提出请叶枝新为他们做一张这个题材的藏书票，因此，叶枝新又做了两种。这样，叶枝新的新疆套色木刻藏书票的内容更丰富了。

这里选入的《巴音布鲁克天鹅湖》《赛里木湖》《天山天池》和《叶枝新藏书》等，就是叶枝新在2003年刻

◆ 巴音布鲁克天鹅湖

叶枝新2003年作

◆ 赛里木湖

叶枝新2003年作

印的那组新疆风景藏书票的代表作。每张有一个主色调，色彩雅致，湖水的微波、雪山的层次感、天鹅的戏水和飞翔、羊群的若隐若现，将读者带到了一个充满诗情画意的“仙境”，艺术上几乎无懈可击，堪称完美。

◆ 天山天池

叶枝新2003年作

◆ 叶枝新藏书（一）

叶枝新2003年作

◆ 叶枝新藏书（二）

叶枝新2003作

◆ 叶枝新藏书（三）

叶枝新2003作

◆ 牧场

叶枝新作

◆ 放牧

叶枝新作

杨适冬：构图雄奇 刀法细密

杨适冬擅长铜版藏书票，这两张山水藏书票刀法细密，构图雄奇，是受日本收藏家委托制作的。

1999年，杨适冬受20多位日本藏书票收藏家委托，为他们定制藏书票，主要采用铜版画技法创作。

铜版画也称“腐蚀版画”或“蚀刻版画”，是在金属版上用酸溶液腐蚀版面，或直接用针或刀刻制的一种版画，属于凹版版画。铜版画产生于15世纪欧洲文艺复兴时期，丢勒、伦勃朗、惠尔特、戈雅、毕加索等名家都是铜版画高手。铜版画约在清乾隆年间由传教士传入我国宫廷，直到20世纪30年代，在鲁迅、徐悲鸿等人的介绍下，逐渐流行于版画界。

◆ 百步云梯

杨适冬1999年作

◆ 天外飞瀑

杨适冬1999年作

周富德：海纳百川

周富德的藏书票作品技法老到，洋溢着蓬勃生机，诗意与神采兼备，阴柔与阳刚相济。

在绿色山峦的环绕中，湖如月，月映湖。水鸟静静地在湖上飞翔，湖中小舟恬静、安详，充满诗意。

这幅以天池构图的《之俊藏书》隐藏有一个哲学主题：海纳百川，有容乃大。

红烛、浪花、海鸥、红叶、流云……周富德的《桂兰藏书》包容大千世界，意象丰富。小帆船在惊涛骇浪和漩流中奋勇搏击，高扬进取。

◆ 之俊藏书

◆ 桂兰藏书

周富德1998年作

周富德1997年作

月亮在山头将要沉下去，蓝色的月光水一样洒在弧形的山峦上，晓风残月，透明而纯净。

白色的瀑布和溪水若隐若现，与一弯白色的新月交相辉映。

鹿儿醒了，在山头行走，在水边饮水，与流水一起为沉寂的大山带来了动感的生命。这枚《渴鹿奔泉》三色藏书票色彩配合非常和谐而有诗意。

水桶上蹲着一只青蛙，眺望大海。

大海上几只海鸥，在浪花上翱翔。

青蛙与海鸥的对应，水桶与大海的比较，使这幅藏书票有着象征性的寓言意味。

一轮红日喷薄而出，整个画面气势豪迈。周富德的藏书票《出井之蛙》令人荡气回肠。

◆ 渴鹿奔泉

周富德作

◆ 出井之蛙

周富德作

张文荣：点和线的交织

这是一组表现山寨、山路、高山、天池的藏书票。张文荣的山水藏书票多是黑白木刻，点缀红色的“文荣藏书”印章，他注重采用细雨点和暗格点的刀法组织绘图，山景一般用不规则的直线、斜线和暗格点，树木采用均匀点和细雨点，风格细腻而丰富。

◆ 文荣藏书（一）

张文荣2000年作

◆ 文荣藏书（二）

张文荣2000年作

◆ 文荣藏书（三）

张文荣2000年作

◆ 文荣藏书（四）

张文荣2001年作

元国梁：动静相宜

从水中到树梢，色调依次由黑色向橘红色变化，表现了晨曦初现的秋景。水上撑舟的人物，使画面变得愈益生动起来。人与树动静相宜，天人合一。元国梁的这张山水藏书票呈现出清新怡人的风格，表现出中国改革开放以后昂扬向上、积极进取的时代风貌。

◆ 秋之书票

元国梁1985年作

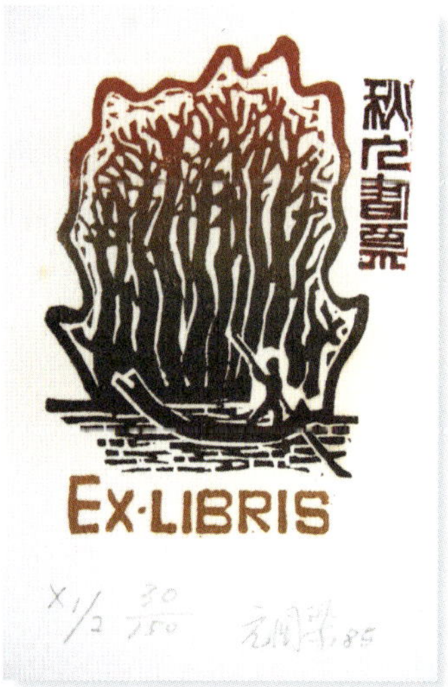

聂雁龙：色彩层次的质感

山水之间，总有两只小鹿探头探脑。

在中国吉祥文化中，“鹿”是少有的象征两种吉祥寓意的动物。鹿谐音“禄”，谐音取意福星高照、高官厚禄；鹿又是富有生命力的灵性动物，充满仙气，被视为长寿的象征，因此常与老寿星在一起，或与仙鹤在一起，所谓“鹤鹿同春”。

聂雁龙的多张山水藏书票中都有鹿的身影，可见他对鹿的喜爱。从这几张山水藏书票来看，他的喜爱还不仅仅是因为鹿的吉祥之意，更是对与山水自然和谐相处的向往，对天人合一的礼赞。

◆ 王嵘珍藏

聂雁龙2019年作

◆ 雁龙珍藏

聂雁龙2018年作

有一张藏书票表现的是“瑶池仙品六合春”，画中的蟠桃、灵芝、仙鹤都是祝寿之物，全部汇集在一起，更增强了长寿的吉祥寓意。画面右上角孙悟空飘然而至，令人想到《西游记》中孙悟空大闹王母娘娘蟠桃盛会的情节。

◆ 瑶池仙品六合春

聂雁龙2020年作

这组山水风景藏书票票主有的是画家本人，有的是版画界同仁，有的是收藏家。其中《福天珍藏》的票主李福天是著名藏书票收藏家、北京市藏书票研究会副会长；《春敏珍藏》票主张春敏是北京藏书票艺术家；《希平珍藏》票主蒙希平是哈尔滨师范大学美术学院副教授、著名藏书票艺术家。

这些山水藏书票融入树木和动物，表现了北方生机勃勃的大自然。无论是夏天金色的树林，还是冬天白雪皑皑的雪景，都有鲜明的物象、明亮的色彩，诗意的韵味，将人带入了一个清新、纯净的仙境般的地方。秀美的画面昂扬着积极健康的力量。

◆ 福天珍藏

聂雁龙2019年作

◆ 希平珍藏

聂雁龙2019年作

◆ 春敏珍藏（一）

聂雁龙2019年作

◆ 春敏珍藏（二）

聂雁龙2018年作

◆ 雁龙珍藏（一）

聂雁龙2018年作

◆ 雁龙珍藏（二）

聂雁龙2018年作

延安宝塔山是很多艺术家都表现过的题材，这幅《圣地延安》藏书票仍然令人眼前一亮。

橘红、橙黄及金色主色调，完美烘托出革命圣地的庄严和高尚。

构图、布局、色彩、线条几乎都无懈可击，这是聂雁龙绝版套色木刻技法发挥得淋漓尽致、炉火纯青的佳作。

◆ 圣地延安

聂雁龙2021年作

◆ 辰阳珍藏

聂雁龙2020年作

冯兆平：线条的韵律

纵览冯兆平山水版画藏书票作品，可见海帆、波涛、落日余晖、潮浪起伏、渔火点点……作者任笔纵横，挥刀自如，这组渔船藏书票，即使是黑白单色，也能尽展线条之魅力，得之于笔墨之外，求之于意趣之中，柔情中有刚劲。其作品贴近生活，讲求意境，新颖独特，讲究笔韵，具有浓郁的地方情调，散发出扑面而来的民族气息。

冯兆平的岭南水乡藏书票有两大特点：一是注重黑色大色块装饰的运用，或纵横有致，或方块错落，给人强烈的视觉冲击；二是主图用线细密，细线条表现船、渔网、渔民和房屋建筑，还有细密而弯曲的线条表现水的波纹。这样大黑色块和细密线条又形成艺术的对比和对应效果，在粗犷和细腻间表现出艺术的张力。要达到素描效果有一定难度，需要高超的艺术技巧和书法的功力。冯兆平的作品构图讲究，柔中有刚。

冯兆平生于南粤之地、海滨之城，长期生活在南方沿海城市湛江，受岭海灿烂多彩渔乡特色传统文化及家乡故园之秀丽景物熏染，形成温和淳厚之审美追求，淋漓润泽之笔趣墨情，灵动宽广之艺术气质。先天之妙悟敏锐，加之后天勤奋坚毅，研习有法，兼采西方版画艺术黑白造型之长，吸纳现代艺术之审美，融会贯通，自成一统。

◆ 兆平的书

冯兆平2001年作

◆ 海月轩藏书

冯兆平2001年作

◆ 兆平藏书

冯兆平2001年作

彭本浩：强悍的抽象

鱼在网中旋转，旋成太阳形状。湖中一叶渔舟，无论是鱼还是渔舟，都是抽象的，是具象中的抽象，是对生活的高度概括和凝练。

◆ 读书乐

彭本浩1991年作

两只小船，呈八字形，朝着不同方向，静静地、孤独地停泊在那里——或者在那里漂泊。

三只鸟儿伫立在船头，各具神态，姿态生动传神，富有个性特色，虽静立，却如跳跃的音符，有律动的感觉。

水波以粗纹横线绘成，圆圆的线头制造出迷人的波光。

彭本浩的这枚《书为伴》藏书票创作于1993年，表现了画家淡泊闲适的心态。

◆ 书为伴

彭本浩1993年作

于文雅：山高水长

山高水长，路途艰险。于文雅的藏书票，刻画骑马远行图画，化坎坷为闲适，抒情而飘逸。

◆ 山高水长 · 单骑者

于文雅1990年作

◆ 山高水长 · 两骑者

于文雅1998年作

◆ 山高水长·四骑者

于文雅1996年作

邵明江：相伴于水

邵明江擅长刻画水景，他的水景不是孤立的，而往往以植物和动物为背景，衬托出迷幻般的波纹。《明江藏书（一）》画面中一只鹤独立于小河流水中，宛如哲学家扬头凝思。河滩上的几棵大树或枝干遒劲挺拔，或树叶纷披，错落有致，点染出大自然美好的原生态环境，树枝的线条与河水的波光相映成趣，对鹤起到了很好的烘托作用。好一幅引人入胜的鹤乡水景！

《明江藏书（二）》藏书票以俯视的角度，表现出水景的层次感。画面的焦点是一只飞翔的水鸟，在阳光映射下，在明亮的水波之上展翅翱翔，整幅作品犹如一张逆光照片，景物和小船作朦胧处理，逆光中水波的明暗层次很好地表现出太阳光的强弱。光影的成功处理是这张藏书票的亮点。

◆明江藏书（一）

邵明江1989年作

◆明江藏书（二）

邵明江1989年作

这两张都是表现巨浪滔天大海之上的藏书票，《木胜藏书》刻画了波涛汹涌的大海上蛟龙戏珠，万里长空雄鹰展翅，画面正中刻行书“长风振云翮，震雷起渊龙”，表现出一种龙腾四海的气势。龙戏珠、鹰翱翔，都是吉祥寓意。

◆宏仁藏书

邵明江1998年作

◆木胜藏书

邵明江2002年作

张克勤：远山近水白鸥翔舞

《李宏慰藏书》画面中，一袭白色的瀑布从绿色的山上倾泻而下，白色飞鸟在绿色衬托下分外显眼，左边刻印的“静心读书”四字，营造古人的读书境界，令人悠然神往。

《显道藏书》藏书票刻画了山水之间，一位打鱼人的惬意生活。渔民站立船头，手持一根竹竿，竹竿上站着三只鹭鸶，还有一只鹭鸶口中衔着刚捕的鱼在船头水面上飞舞。四只鹭鸶造型皆不相同，或伫立静观，或振翅欲飞，充满了浓郁的生活气息。

劳动是美好的，这张藏书票上的渔民似乎毫无疲累之态。湖面上的几点白帆，蓝天上的几只白鸥，远山近水，富有诗意和情趣。

湖面上的水波纹、天空飞翔的白鸥，还有渔民的身姿，都借鉴了剪纸手法。或许，这就是采用剪纸纸版技法制作的一张漏印藏书票。

◆ 李宏慰藏书

张克勤2014年作

◆ 显道藏书

张克勤2004年作

一棵树上停留着一对鸟儿，坐立河边的一只狗后面是一条河流；河流上有一条船在行驶，抑或是摆渡人；河的对岸是一排屋舍……这是一幅容易勾起童年记忆的画面，也是一幅容易带来乡愁的画面。一层一层的水波纹，将人的思绪带向遥远的地方。

◆ 水乡

张克勤2005年作

这两张藏书票线条显得比较粗犷，有些细节显得模糊，其实这是以纸刻版制作的藏书票，在技法上有一定的难度，这对作者显然是一个挑战。张克勤凭着丰富的版画创作经验，成功完成了这两张藏书票。这两张藏书票分别只作了八张和六张，尤为珍稀。

“愚妇”是舒惠芳笔名，这两张藏书票是在票主出版《中国当代藏书票艺术鉴赏》一书后创作，书中收入了张克勤的作品。《愚妇藏书》刻画背山而建的一座楼阁，票主是收藏家，此楼当为藏书楼，与票主身份切合。

《沈泓藏书》刻画水面之上的帆船，扬帆远航，表现了对票主的祝愿，画面中水波处理成斑驳光影，尤为传神。

◆ 恳妇藏书

张克勤2017年作

◆ 沈泓藏书

张克勤2017年作

陶正：船载水乡

仿佛要划破这晦涩的色调，夕阳给水面镀上了一层金橘色，两艘渔船在波光粼粼的水面上，构成了一幅诗意的画面。

陶正的藏书票有彩色藏书票和黑白藏书票两大类，继承了他版画创作的特色。其中《波光帆影》是他的彩色藏书票代表作，这张藏书票在色彩上格外醒目，明亮的金色铺满水面，金色的水面上，渔船沐浴在霞光中，洋溢着生命的欢乐色彩。陶正以娴熟的技法，表现了夕阳照耀下波光粼粼的水景。

◆ 波光帆影

陶正2000年作

《河中的乌篷船》和《阿鹏藏书》是陶正黑白藏书票的代表作，他善于用点粒表现斑驳的历史感和厚重的乡土文化。黑白藏书票《河中的乌篷船》，刻画的黑色乌篷船就像从鲁迅小说中驶出，阴暗而衰败，使人想到鲁迅笔下的乡下童年时光。

陶正是绍兴人、鲁迅的老乡，乌篷船和水乡是他们共同的题材，不同的是，一个是用文笔，一个是用画笔，但他们都描绘出了故乡的人文底蕴和韵味。欣赏陶正的这两张藏书票，我们仿佛走进了鲁迅文章描绘的那个世界。

这两张藏书票描绘的都是如诗如画的船歌，但色调上呈现出明显的反差，形成灰暗和明亮的两极交响。陶正藏书票中的水景，更多地展现了风景背后的人文情怀。

◆ 河中的乌篷船

陶正2000年作

◆ 阿鹏藏书

陶正2000年作

《水乡古镇》采用电脑技法创作而成，呈几何图案的构图，以古镇民居为主要元素，通过用电脑绘制藏书票的新技术，表现了黑瓦白墙的古民居风貌。这是陶正融传统于现代的一种艺术探索，而使用电脑创作藏书票，则表明了他对新技术和新技法的探索。

◆ 水乡古镇

陶正2000年作

冯汉江：线条韵律

冯汉江的藏书票主要采用黑白木刻，几乎全部采用方形构图，他注重密集的有规律的线条律动，刀法的组织与叠加、字体的划刻与罗列，无不体现出他用刀泼辣、挥洒自如的强悍的个人风格。从这几张山峦起伏的构图中，可见其布局严谨、刀法老到、黑白清丽的艺术风格，在丰满的图形中，表现简括的形象、清俊的格调和空灵的意境。

◆ 汉江之书

冯汉江2003年作

◆ 汉江藏书（一）

冯汉江2003年作

◆ 汉江藏书（二）

冯汉江2003年作

◆ 汉江爱书

冯汉江2003年作

◆ 贯休书票

冯汉江2001年作

杨涵：山峦上的村庄

重峦叠嶂的山岭通过弧形线条和斑驳的墨点表现得真实而富有美感，这是上海元老级的版画家杨涵89岁时的作品，票面上的文字和线条有些稚拙，但在稚拙中亦显现出老到。错落有致的民居点缀在山峦间，给山景增添了生气。该作构图严谨，疏密有致，是杨涵晚年的代表作之一。

◆ 高原人家

杨涵2009年作

杨金生：画刻钟灵毓秀

杨金生对三清山情有独钟，创作了三张三清山木刻套印藏书票，每张选取三清山一个景点，采用一种色调，表现出道教名山、世界自然遗产地三清山独特的花岗岩石柱与山峰，或峡谷幽云、奇峰怪石，或清虚之境、幽谷千仞，珍树仙葩世所罕见，云雾宝光叹为观止，雄险奇秀的自然景观异彩纷呈，钟灵毓秀，无愧于“天下第一仙峰，世上无双福地”之誉。

◆ 三清山（一）

杨金生2003年作

◆ 三清山（二）

杨金生2003年作

◆ 三清山（三）

杨金生2003年作

◆ 丁千之书

杨金生1998年作

李山瑞：山寺古塔与芭蕉

婀娜多姿的芭蕉叶在山水间舒展，一叶小舟从水中轻轻划过。

李山瑞的山水藏书票富有浓郁的民族风情。他喜欢将古典建筑融入山水画面中，山上的古寺、山中的古塔、山坳的古亭，表现出他难舍的古典情结。

李山瑞的作品线条细腻有力，树枝和山石的表现显得苍劲而孤傲，寺庙亭塔有钢笔画的效果，线条流畅，繁简得当。

◆山瑞藏书（一）

李山瑞作

◆山瑞藏书（二）

李山瑞作

◆ 山瑞藏书（三）

李山瑞作

◆ 山瑞藏书（四）

李山瑞作

张长利：大山深处有人家

张长利的山水藏书票主要是表现云南大山的题材，山水画面中往往融入民居和人物，使作品富有生动的生活气息。在他的藏书票中，一切都显得自然、恬静而质朴，饱含感情。在技法上，点与线、阴刻与阳刻的处理转换自如，刀法组织有序。如表现渔舟的藏书票《长利藏书（一）》，对撒开的渔网和水波的表现尤其富有特色。

◆ 长利藏书（一）

张长利1998年作

◆ 长利藏书（二）

张长利2000年作

◆ 长利藏书（三）

张长利1998年作

◆ 长利藏书（四）

张长利2001年作

◆山村

张长利1999年作

◆山村小景

张长利1999年作

刘继鹏：诗意山水

《宏图》是刘继鹏蜡印版藏书票的代表作之一，该票是为收藏家陈宏制作，巧妙地取其名为画名意境，通过高山流云，繁花似锦，表现了胸有宏图、收藏宏富的收藏家的追求。

山河壮丽，雄鹰展翅。

画中一古人仰对高山蓝天，险峻的山路令人望而生畏，车轮和断崖，昭示着前程茫茫复茫茫。然而，未来只属于胸有宏图者！

读万卷书，行万里路，是中国古代知识分子努力的方向。付出毕生的精力和汗水，“劳其筋骨，饿其体肤，苦其心志”，在胆识、勇敢和智慧的牵引下，方可达到柳暗花明又一村的新境。

◆ 宏图

刘继鹏2000年作

《清泉石上流》《刘沙藏书》和《民华藏书》这3张藏书票都采用复写版。

刘继鹏的复写版藏书票中，山水为其重要题材，他不是简单地临摹山水，而是注重表现其中的诗意。《清泉石上流》这枚平版藏书票细腻地表现了古诗“明月松间照，清泉石上流”的意境。

红日、飞鸟、沙漠、绿洲、小路、驼队，刘继鹏创作的《刘沙藏书》藏书票图小景大，意境开阔壮丽。

票主刘沙是报社记者，曾往戈壁大漠探险，此幅表现戈壁探险的藏书票恰切地表明了票主的经历和个性追求。

◆ 清泉石上流

刘继鹏2000年作

《民华藏书》藏书票，刻画江河之上白帆点点，两岸桃红柳绿，营造出孤帆远影碧空尽之空邈，点缀的大雁高飞，桃花灿烂。

这是刘继鹏专为上海市西中学陈民华设计制作的，寓意陈民华校长教坛耕耘、桃李满天下。

《过传忠藏书》巧妙利用书桌上的书和古典式窗框，表现了透过窗口看山水的妙境。

◆ 民华藏书

刘继鹏2000年作

黄德民：湖南山乡

小桥流水，古树山道，或牧童骑牛吹笛，或山民款款而行。黄德民眼中的湖南山乡风光纯朴闲适，既有古典意趣，又富有浓郁的乡土气息。

◆ 德民藏书（一）

黄德民1998年作

◆ 德民藏书（二）

黄德民1998年作

◆ 德民藏书（三）

黄德民2000年作

娄启盘：石趣

娄启盘创作的《黄山松石》和《太湖石》两枚水印木刻藏书票奇趣横生，有中国水墨画效果。

◆ 黄山松石

娄启盘作

◆ 太湖石

娄启盘作

胡有全：戈壁蜃景

水纹点线有规则地组合，表示茫茫戈壁沙漠，几株沙棘顽强地生长着，远处一道道的不规则横线如云似湖，两座凸起的山峦如海边的礁石，又如海市蜃楼般奇异，鸥鸟翔舞，山峦耸峙。

胡有全眼中的山景在百年孤独中洋溢着蓬勃的生命，表现了戈壁滩上天地苍茫的景象。

光与影、明与暗、点与线、阴刻与阳刻和谐而有变化，技法纯熟，浑厚旷达。

胡有全的藏书票多表现西域风情，戈壁滩上的植物、飞鸟掠过山石、饮水的骆驼……丝绸古道的风光令人赏心悦目。

◆ 有全藏书

胡有全1999年作

毕崇庆：摩崖石刻

摩崖石刻山石书法系列藏书票表现在硕大的山石上，刻出行云流水般的书法。山石之下伫立着古代文人，颇有意趣。

◆ 摩崖石刻（一）

毕崇庆作

◆ 摩崖石刻（二）

毕崇庆作

◆ 摩崖石刻（三）

毕崇庆作

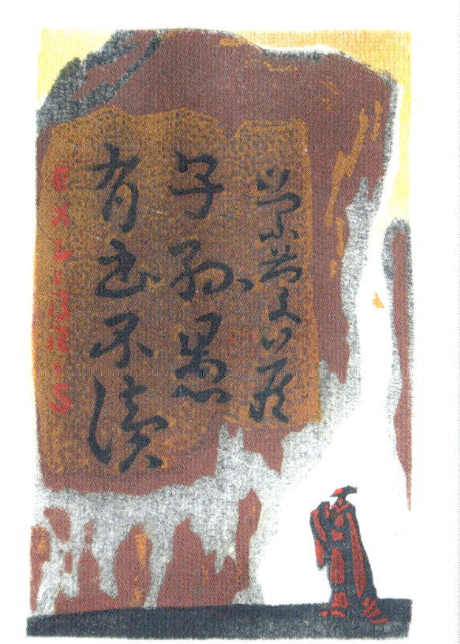

李秀山：情迷长白天池

两枚长白山天池藏书票，一枚是白色的，描绘白雪皑皑的冬天的天池，以黑色的线条表现山峦，色调是淡蓝色的，抒情而清丽；一枚是绿色的，描绘夏天的天池林木茂盛而热烈，以斑点表现朦胧的山峦。画面中的黑色突出了天池。

◆ 秀炫藏书

李秀山1998年作

◆ 维国藏书

李秀山1998年作

李山楼：乡土情怀

或是映在水中的小桥流水，或水中石子铺就的弯弯小路通向广袤无垠的天地，或只见团团荷叶不见水却感到水的幽深，不着一字尽得风流。

李山楼的水是诗意的，这三枚与水有关的藏书票富有浓浓的乡土气息。

◆ 山楼藏书

李山楼作

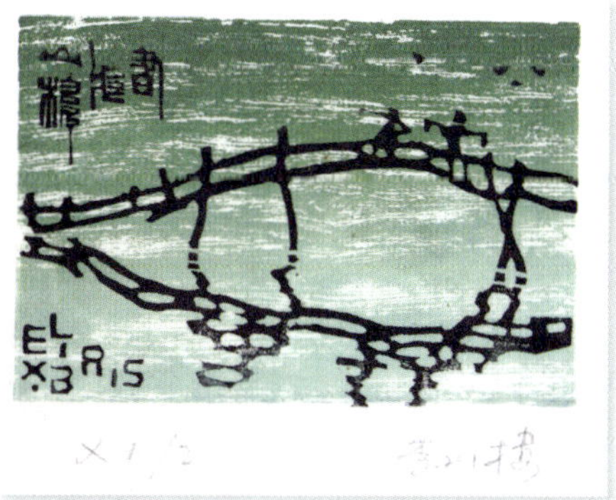

◆ 李山藏书

李山楼作

◆ 小岳珍书

李山楼作

席湖：圆融之美

席湖的创作富有现代意象。在这张藏书票中，有多个洞眼和水洼，亦有方形和长方形，但在画家笔下，没有方只有圆，没有棱角只有弧线，一切都显得圆融、协调，颇具中国传统哲学之意象。

◆ 芝洋藏书

席湖2000年作

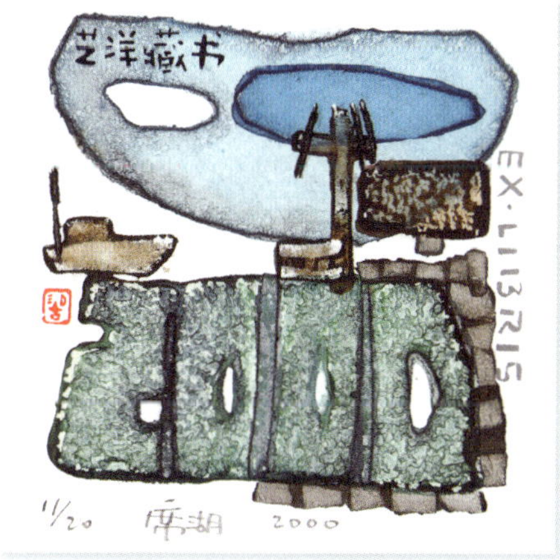

曾献忠：溪流与湖泊

2000年，曾献忠创作了一套“千禧年藏书票”，共八枚，制作100套，票主皆为作家和画家，如佳木斯画友张俊平、河南女作家蓝蓝、北京作家邹鸿君和檀林、北京画家杨炳湘、香港画家沈平等。

这套藏书票每一幅都精心构思，有巧妙的寓意。题材均切合票主的身份特点，表达出作者真挚的情感。如对女作家蓝蓝，呈献给她的是一束瓶花。

◆ 沈平藏书

曾献忠2000年作

◆ 炳湘藏书

曾献忠2000年作

其中有4枚是表现山水的。为画家三泉创作的藏书票画面上，刻画溪水的流淌，表现泉水的丰富，寓意票主卓越的艺术成就、不竭的艺术灵感和鲜活的艺术生命。

为笔者创作的藏书票《沈泓藏书》，画面是水中的两只鱼篓（捕鱼用具），寓意收藏要有耐心和淡泊心，在静静的湖泊中，潜心研究，捕捉机遇，其巧妙的构思用心良苦。

曾献忠的藏书票小巧玲珑，画幅规格相同，充满浓郁的诗情画意。他的藏书票是用北国一种特殊的木料“山丁子”木刻制，山丁子木纹理细腻而坚实，他用这种木料刻制了作家系列藏书票。

◆ 三泉藏书

曾献忠2000年作

◆ 沈泓藏书

曾献忠2000年作

邱凝：抽象的律动

邱凝创作了一批具有抽象意味的藏书票来表现风景，画中的意向可视为天地洪荒、河流山川，是一种观念中的风景，或风景中的观念。

这些彩色藏书票，或中间置以红色的方框，在冷绿色、暖红色、橙黄色以及黑色的色彩变换中，表现出一种对世界的观念。

抽象的藏书票是富有现代意味的藏书票，具有后现代艺术流派风格。一切非写实的都可以归入抽象艺术中。不过，在现实中，很多非写实的藏书票仍以它们的“神似”归入某一方面题材，而纯粹抽象或无法归入其他题材的抽象藏书票，更多地表现出抽象之美。

邱凝还创作了一些黑白抽象藏书票，在《邱凝藏书（一）》中，可看到在两个正方形的框中，以光波的动荡闪烁，表现一种律动、变幻的美。

◆ 邱凝藏书（一）

◆ 邱凝藏书（二）

邱凝1996年作

邱凝1996年作

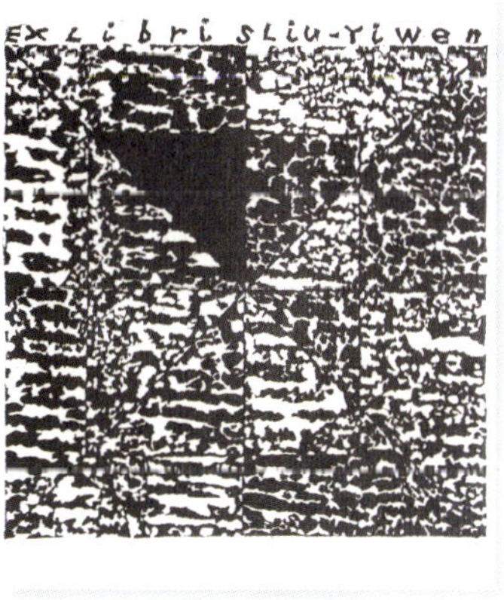

◆ 邱凝藏书（三）

邱凝1998年作

◆ 邱凝藏书（四）

邱凝2002年作

◆ 邱凝藏书（五）

邱凝2002年作

◆ 邱凝藏书（六）

邱凝2003年作

曹芳：两座山

这是一张抽象意味的藏书票，画面可以看成两个人，也可以看成两座山。姑且当成两座山吧，两个人就是两座山。

◆ 芳芳藏书

曹芳作

龙开朗：石刻山水

这是龙开朗在2004年创作的一张石刻藏书票，取古典山水意趣，构图严谨，中规中矩，是典型的传统山水格局，石刻线条对山纹和水波的表现十分准确，出神入化。

◆ 品风阁藏书

龙开朗2004年作

吴家华：学海无涯苦作舟

波涛汹涌，水流湍急，一叶扁舟迎浪而上，闯海人的身姿矫健、自信，充满拼搏精神和必胜信念。

吴家华的作品表现了遨游书海的壮观景象，充满了逆水行舟用力撑、学海无涯苦作舟的激情。

◆ 线曲藏书

吴家华1989年作

张丰泉：帆影的诗意

帆是诗意的，看一眼《桑廷彬之书》藏书票，古人关于帆的诗句纷至沓来："风正一帆悬""帆悬天际云""孤帆一片日边来""孤帆远影碧空尽""遥认孤帆何处去"……

画中一只小船，扬起白帆，几缕波纹线，勾勒出帆船在水波中的倒影。画家描绘水的颜色通常是蓝色、绿色，张丰泉采用土黄色表现水，看似不合常态，但画面颜色依然很舒服。可见，画中之色无需一定是生活之色，和谐悦目为要。

◆ 桑廷彬之书

张丰泉1998年作

何柳生：巨灵危峭峙金天

何柳生以华山为素材的这组山水藏书票，构图吸收了中国古代山水画精华，采取中国山水画的特殊透视法“三远法”，用不同的透视角度，表现景物的高远、深远、平远。正如宋代郭熙在《林泉高致》中描述的“三远法”：“山有三远：自山下而仰山巅，谓之高远；自山前而窥山后，谓之深远；自近山而望远山，谓之平远。”

高远是一种仰视的角度，如《华山仙掌崖》体现巍峨宏伟的山势，顶天立地，极具质感，给人一种崇高之美。

深远是一种俯视的角度，如《华山中峰》是俯视的视点，往下看，山重水复，深邃莫测，重山复岭绵延不断，云中群山表现了山势之深。

◆ 华山仙掌崖

何柳生2014年作

◆ 华山中峰

何柳生2014年作

平远是一种平视的角度，如《华山北峰》，近峰远山基本处在同一水平面，给人一种视野开阔、心旷神怡的感觉。

何柳生的这套藏书票构图形式遵循了宾主、呼应、藏露、均衡等山水画布局规律。《华山西峰》绝壁千仞，苍松擎天，这是主体；左下角一座小山，是宾体。大山小山高峰低峰主次分明，互相呼应，彼此顾盼，呈现宾主朝揖之意，烟云流动迂回，登山道上的人物与景物一动一静，大树与小树有主有次，皆形成了呼应关系。

◆ 华山北峰

何柳生2014年作

◆ 华山西峰

何柳生2014年作

《西岳华山》巍峨壮阔，遵循了古代山水画讲究的画面平衡。潘天寿说："画材布置于画幅上，须平衡，然须注意于灵活之平衡。灵活之平衡，须先求其不平衡，再求其平衡。"《西岳华山》呈S形构图，正是灵活之平衡，在不平衡中给人一种均衡美。

《华山新通道》表现的是华山索道，何柳生很好地处理了画面的藏露关系，画面下部近景索道一眼可见，但索道远景没入云雾山谷，这使得主题"华山新通道"变得含蓄，如果将全程的"华山新通道"都一段不漏地画得清清楚楚，就失去了艺术情趣。何柳生懂得山水画要有藏有露，才能引发人们的遐想。《华山新通道》藏与露关系的处理，使这张藏书票达到了无景色处似有景的艺术效果。

◆ 西岳华山

何柳生2014年作

◆ 华山新通道

何柳生2014年作

何柳生的华山系列藏书票，特别注重山水画的远近虚实关系。《华山上麦台》《华山南峰》《华山东峰》等藏书票，皆为近大远小、近实远虚、近重远淡。画家巧妙地用墨色的浓淡、虚实来处理画面的空间关系，每张藏书票的画面都有近、中、远三个层次，前面的山峰画得清晰实在，后面的山峰用淡墨虚化，远近层次分明。

同时，这组藏书票中的山水的虚实也不是绝对的，而是虚中有实、实中有虚，实处以虚破之，虚处以实破之。黑是实，白是虚，华山系列山水画中的虚实关系常用白色的云雾来体现，或以笔墨的浓淡、干湿、疏密来处理。

◆ 华山上麦台

何柳生2014年作

◆ 华山南峰

何柳生2014年作

◆ 华山东峰

何柳生2014年作

◆ 华山

何柳生2014年作

左焕章：皴法新呈现

这是一张传统和现代交融的藏书票。左焕章将现代科技手段引入藏书票，采用电脑技法制作，将中国画的传统皴法在电脑藏书票上发挥得淋漓尽致。披麻皴、卷云皴、解索皴、斧劈皴呈现出放射、活泼、流畅和升腾的韵律情致，将山石峰峦刻画得更有力度和感染力。

◆ 焕章藏书

左焕章2000年作

陈夏青：岭南水乡之柔

同样采用电脑技法制作的藏书票，通过两张水上行舟亦静亦动的画面，陈夏青将岭南水乡表现得柔美而抒情。

◆ 夏青藏书（一）

陈夏青2003年作

◆ 夏青藏书（二）

陈夏青2003年作

郭凤印：朦胧与清晰之间

郭凤印的这张水乡藏书票为黑白木刻形式，犹如浓墨勾勒的写意画，在朦胧中刻画出单纯而清晰的意境。

◆ 水乡

郭凤印1987年作

胡军：水波时光悠远

阳光下的古民居倒映在河水里，胡军魔幻般的雕刀雕刻的水波魔幻般粼粼变幻。民居是静默的，河水是流动的，阳光的抚摸，让时光变得悠远。

◆ 胡军藏书

胡军2000年作

瞿蔚：童话森林

梅花鹿从水边走过，望着水中的倒影；弧形的竖纹线条，凸显山的柔美；三角皴点营造的水波，使山水富有了灵气。瞿蔚以她的灵气，构建了一个童话森林。

◆ 丁仃之书

瞿蔚1993年作

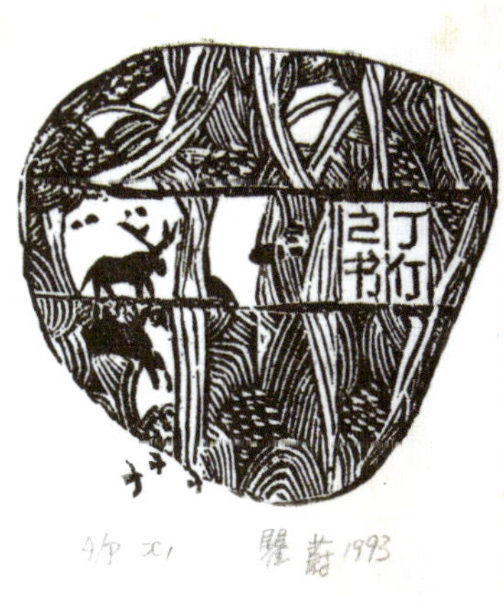

◆ 瞿蔚藏书

瞿蔚2000年作

顾其星：山中离愁别绪

这是顾其星在2009年为山东藏书票收藏家杨广超创作的一张山水藏书票。山头古亭，古亭中的古人，树下瘦马，峻峭远山，清晰镌刻出北宋毛滂《惜分飞·富阳僧舍作别语赠妓琼芳》诗中描绘的意境。

画上刻诗："断雨残云无意绪，寂寞朝朝暮暮。今夜山深处，断魂分付潮回去。"这是诗的下阕，写别后在僧舍的刻骨相思。

这是一首青春恋情的悲歌，音韵凄婉，自然真切。顾其星没有将画面拘泥于诗中本来的意象，而是于山水之中拓展了更开阔的意境。

◆ 杨广超藏书

顾其星2009年作

甘育田：雪中山村

远山近水，厚厚的白雪覆盖大地，覆盖山水，覆盖了村庄。甘育田是营造雪景氛围的高手，他善于捕捉日常细节中的诗意：一头牛从河岸的雪地走过，走向河边饮水，雪地留下两行脚印，牛主人尾随牛行走在雪地上……黑与白的交错间，单色木刻创造出雪中山水之美的丰富意蕴。

◆ 育田藏书（一）

甘育田2003年作

◆ 育田藏书（二）

甘育田2003年作

吴若光：古籍中的山水

吴若光眼中的山水，是古典的山水：悬崖上的松树、山崖下的小路石桥、山水间小舟垂钓、远处若隐若现的水中亭子……木刻刀刻出古籍插图山水的效果。是的，吴若光要表现的就是一页古籍木刻插图，左边是古籍折页的竖行书名，上面刻写“若光书屋”。

◆ 若光书屋（一）

吴若光2001年作

◆ 若光书屋（二）

吴若光2001年作

丁建国：野渡无人舟自横

两棵树，两只小船，一只小船上两支桨，山的倒影将湖水衬托得更加浩渺开阔，湖水伸展到天边、云边。树的倒影、山的倒影、水波荡漾的波纹……丁建国是光和影的执着追求者，《丁旺的书》藏书票就是他追求的见证。黑色和绿色双色藏书票，在光影的配合下，酿造出丰富的层次感。

◆ 丁旺的书

丁建国作

刘继德：迷蒙意境

山水风雨中的吊脚楼，采用黑色和灰绿色色调，密集不规则的斜线，营造出风雨飘摇的感觉。晦暗而又清晰，淡淡色调烘托出迷蒙意境。

◆ 山水吊脚楼

刘继德作

洪树林：轮廓粗犷

洪树林的这组山水藏书票采用粗粝线条，不求山石和物象的精细，只取轮廓，取其山势，峻峭的山峰都有向上之势，与松相得益彰，形成粗犷风格。

◆ 黄山书乐

洪树林作

◆ 书海无边

洪树林作

郁田：飞翔

蓝色的大海，红色的天空，一半是火焰，一半是海水，太阳是洁白的。

横亘在海天之间，海鸥在海面上飞，飞向天空，飞向红彤彤的世界。

读书使人心高胸阔，读书使人心志自由、向上，使人心中升起一轮永恒的太阳。

郁田的这枚藏书票在两种色调对比中产生美学效果，简洁的构图中有美好的意韵。

为巴金作的《巴金藏书》是《郁田藏书》的同一构图，两枚是正反两个方向。这枚书票曾参加上海纪念鲁迅逝世60周年“当代名人书票展”，展后到新加坡参加国际性展览。

这张藏书票构图简洁明了，立意单纯而深邃：上面是太阳，下面是月亮；云彩纹烘托太阳，水波纹烘托月亮；天空中海鸥在飞，鸟像是书；水波的倒影中有鱼在游，鱼也是书……

郁田的这组海鸥藏书票表现的都是成阵队的群鸥，不是形单影只的海鸥，它们都飞向太阳，或从太阳处飞来，表现了画家火热的心。

◆ 郁田藏书

郁田作

◆ 巴金藏书

郁田1996年作

王晶猷：丰茂粗犷

小船是诗意的意象。在流水的深处，在山水之间，表现水中小舟的藏书票充满了浓郁的诗情画意。

海边红屋、灯塔、白色的沙滩、蓝色的大海、弧形的海岸线，都是令人神往的风景。

王晶猷刻画的海中小帆船，就是这幅风景画中的灵魂，将我们的视线和想象带到了浩渺的水域。

这枚藏书票色彩和谐而悦目，刀法流畅自如，线条丰茂粗犷，技法达到炉火纯青的境界。

◆ 蓝色大海

王晶猷1990年作

王建国：层次分明的透视感

王建国的《楚山书票》讲究天空云影和水中光影的变化，构图饱满，刀法有力。构图以桥为焦点展开，层次分明，透视感强，颇见功力。广东当代出了多位著名版画家，有黄新波、李桦、古元、赖少其等，王建国得其遗风神韵。

◆ 楚山书票

王建国1993年作

姜琳：水木浑然　清华天成

天空中鸥鸟翔集，水面上渔舟横波。

浩瀚无涯的水面，只有渔舟和漫天飞鸟上下呼应。一首歌的旋律，一圈圈的旋律，逐波而来；一轮轮的涟漪，漫漫而至，“楼船潋滟轻浪，鸥鹭缤纷满天”。

宋人的惬意，司马光《陪张龙图南湖暑饮》的画卷，涟漪深处，清波之上，缓缓展开。

波纹看似空泛，成却不易；看似木纹，其实是画家精雕细刻的创意。每一丝纹路、每一圈涟漪都是刻意的木味追求。

木和水都是五行要素，五行相生相克，是天地之性。水生木，因为水温润而使树木生长。木纹水波，是木版画刀味、木味、印味的结合。

将木纹巧妙化作水波，水木浑然，清华天成，是姜琳这套藏书票的神来之笔。

艺术之魅来自灵感的乍现，木纹清波，恰似灵感之源。

每张木纹的形状都不相同，每张木纹的色彩都有变化，在变化中形成了淡泊雅致的总体风格。留白，是哲学的辩证；淡淡的素雅，是一种高级的用色。

清波濯足，清波滤尘，清波涤心，清波是文人墨客的精神。“上善若水,水利万物而不争。”在姜琳的画中，清波是对美的追求。

◆ 清波（一）

姜琳2017年作

◆ 清波（二）

姜琳2017年作

◆ 清波（三）

姜琳2017年作

◆ 清波（四）

姜琳2017年作

◆ 清波（五）

姜琳2017年作

◆ 清波（六）

姜琳2017年作

图书在版编目（C I P）数据

水光潋滟山色空：明山秀水 / 沈泓著. — 天津：
天津教育出版社，2024.6
（书中蝴蝶：中国当代藏书票）
ISBN 978-7-5309-9037-7

Ⅰ. ①水… Ⅱ. ①沈… Ⅲ. ①藏书票－中国－图集
Ⅳ. ① G262.2-64

中国国家版本馆 CIP 数据核字 (2024) 第 090976 号

书中蝴蝶：中国当代藏书票
水光潋滟山色空：明山秀水
SHUZHONG HUDIE ZHONGGUO DANGDAI CANGSHUPIAO
SHUIGUANG LIANYAN SHANSEKONG MINGSHAN XIUSHUI

出版人　黄　沛　　丁　鹏

作　　者　沈　泓
选题策划　王轶冰
特约策划　丁　鹏
项目执行　常　浩
装帧设计　杨　晋
责任编辑　谢　芳　　张　清

出版发行　天津出版传媒集团　　金城出版社有限公司
　　　　　天津教育出版社
地　　址　天津市和平区西康路 35 号　　北京市朝阳区利泽东二路 3 号
邮政编码　300051　　100102
经　　销　新华书店
印　　刷　鑫艺佳利（天津）印刷有限公司
版　　次　2024 年 6 月第 1 版
印　　次　2024 年 6 月第 1 次印刷
规　　格　787 毫米 ×1092 毫米　1/32 开
字　　数　180 千字
印　　张　10.75

定　　价　88.00 元